One Pot Pasta

Wie Sie ganz einfach schnelle Nudelgerichte zaubern können

-

50 leckere Rezepte für Pasta aus einem Topf

Bianca Moren

Copyright © 2017 Bianca Moreno

Alle Rechte vorbehalten.

ISBN: 1981698248

ISBN-13: 978-1981698240

Inhalt

One Pot Pasta	6
köstliches Fast Food aus der heimischen Küche	6
Was ist bei One Pot Pasta zu beachten?	7
Welche Zutaten eignen sich nicht für One Pot Pasta?	9
Topf oder Pfanne – worin lässt sich One Pot Pasta am besten zubereiten?	10
Kleines Vorwort des Verlags	12

Vegetarische Pasta

Käsenudeln	14
Mexikanische One-Pot-Pasta	15
Frühlingspasta	16
Vegane One-Pot-Pasta	17
Zucchini-Kichererbsen-Pasta	18
Pasta mit Linsen und Oliven	19
Cremige Avocadospaghetti	20
Spaghetti, Tomaten und Basilikum	21
Vollkornpasta mit Brokkoli	22
Spaghetti mit Gorgonzola-Sauce	23
Bandnudeln mit rotem Thaicurry	24
Pasta mit Käse-Jalapeno-Sauce	25
Kürbis-Pasta	26

Pasta mit Ziegenkäse und Honig	27
Süße Pasta	28
Pasta mit getrockneten Tomaten und Feta	29
Spaghetti mit Erdnusssauce	30
Glasnudel-Tofucurry	31
Pasta „afrikanisch"	32
Süßkartoffelnudeln mit Spinat	33

Fisch und Meeresfrüchte

Mie-Nudeln mit Garnelen	35
Jambalaya-Pasta	36
Bandnudeln mit Kapern und Thunfisch	37
Pasta mit Gurken, Dill und Lachs	38

Pasta mit Fleisch

Hackbällchen mit Udon-Nudeln	39
Pasta mit Hack und sauren Gurken	40
Pasta mit Lamm und Minze	41
Pasta mit Schweinefilet und Aprikosen	42
Pasta mit Speck, Tomaten und Rucola	43
Spaghetti mit Speck und Lauch	44
Pasta mit Linsen und Hackfleisch	45
Penne mit Feigen und Parmaschinken	46
Thai-Pasta mit Hackfleisch	47
Hähnchen-Champignon-Pasta	48
Pasta mit Merguez	49
Mangohähnchen-Currypasta	50

Sesam-Steak-Nudeln	51
Orangen-Radicchio-Penne	52
Pasta mit Birnen, Bohnen und Speck	53
Gulasch-Spaghetti	54
Hot-Dog-Pasta	55

Klassiker

Spaghetti nach Art „Bolognese"	56
Paella-Spaghetti	57
Tagliatelle nach Art „Coq au vin"	58
Tortellini alla panna	59
Pasta alla Puttanesca	60
Pasta mit Fenchel und Räucherlachs	61
Spaghetti Stroganoff	62
Pasta Bouillabaisse	63
Spaghetti Carbonara	64
Haftungsausschluss	*65*
Impressum	*66*

One Pot Pasta

köstliches Fast Food aus der heimischen Küche

Pasta fasziniert uns schon seit vielen Jahren aufgrund ihrer großen Vielfalt und der Möglichkeit, in kurzer Zeit wunderbare Gerichte zu zaubern. Einfach Nudeln kochen und eine köstliche Soße mit wenigen Zutaten zubereiten – fertig ist der Nudelgenuss. Das One Pot Konzept ist dabei für Pasta wie gemacht und sorgt dafür, dass Sie noch einfacher zu tollen Ergebnissen kommen.

Sie benötigen hierbei nur noch einen einzigen Topf, in den alle Zutaten für ihre Pasta-Soße wandern. Im nächsten Schritt werden jedoch auch die Nudeln selbst in der Soße gegart. So wird der Abwasch zum Kinderspiel und Sie sparen viel Zeit während sowie nach der Zubereitung. Die Pasta selbst erhält durch das Kochen in der Soße zudem auch noch ein besonders kräftiges Aroma.

Der Fantasie sind bei der Kreation von Pastagerichten nach dem One-Pot-Prinzip keinerlei Grenzen gesetzt. Nahezu alle Zutaten lassen sich verwenden. Ob nun Pasta-Klassiker wie Spaghetti Bolognese, Nudelgerichte mit Fisch und Meeresfrüchten oder vegetarische und vegane Kreationen – One Pot Pasta ist für alle Bereiche geeignet. In diesem Kochbuch können Sie sich zunächst über den Trend „One Pot" informieren. Zusätzlich erhalten Sie viele Informationen und grundsätzliche Tipps zum Kochen in einem Topf. Im zweiten Teil möchten wir Ihnen unsere Lieblingsrezepte für One Pot Pasta vorstellen. Hoffentlich haben Sie genauso viel Freude daran wie wir.

Viel Spaß beim Lesen und guten Appetit!

Was ist bei One Pot Pasta zu beachten?

One Pot Pasta ist denkbar einfach und sowohl für Anfänger als auch für fortgeschrittene Hobbyköche geeignet. Doch trotzdem gibt es einige Dinge, die Sie beim Kochen in einem Topf beachten sollten:

1. Auf die richtige Flüssigkeitsmenge kommt es an

Da die Nudeln in der Flüssigkeit mitgekocht werden, müssen Sie hierauf besonderes Augenmerk legen. Verwenden Sie zu wenig Wasser, wird die Pasta nicht gar. Außerdem kann das komplette Gericht viel einfacher anbrennen. Kommt hingegen zu viel Flüssigkeit zum Einsatz, erhalten Sie matschige Nudeln und eine zu stark verdünnte Soße. Grundsätzlich hilft diese Faustformel dabei, die Flüssigkeitsmenge richtig zu dosieren:

3 Teile Wasser auf 1 Teil Nudeln

Wenn Sie also 500 Gramm Pasta nach der „One-Pot-Methode" kochen möchten, benötigen Sie grob 1,5 Liter Flüssigkeit. Allerdings kann die Flüssigkeitsmenge durch unterschiedliche Faktoren variieren:

- **Die Art der Nudeln:** Dünne Spaghetti oder auch Linguine saugen nicht so viel Wasser auf wie die dickeren Tagliatelle oder gar Penne. Bei Tagliatelle sollten Sie zudem beachten, dass diese oft in Form getrockneter Nudelnester zu kaufen sind. Diese benötigen anfangs mehr Platz im Topf und zudem mehr Flüssigkeit, um sie zu bedecken.

- **Die weiteren Zutaten:** Nutzen Sie in ihrem Rezept viele wasserreiche Gemüsesorten wie Tomaten, Champignons, Zucchini oder auch Weißkohl, benötigen Sie etwas weniger zusätzliche Flüssigkeit.

- **Die Art der Flüssigkeit:** Die One Pot Pasta von Martha Stewart wird mit Wasser gekocht. Natürlich steht es Ihnen aber auch offen, verschiedene Fonds, Brühen, Sahne oder auch Kokosmilch zu verwenden. Je sämiger die Flüssigkeit an sich ist, desto mehr benötigen Sie zum Kochen der Nudeln.

Ein Tipp zum Schluss: Nutzen Sie zunächst etwas weniger Flüssigkeit als im Rezept angegeben und schütten Sie bei Bedarf lieber noch etwas nach. So behalten Sie die Kontrolle und können verhindern, dass Ihre Lieblingspasta am Ende zu matschig wird.

2. Die Nudelsorte bestimmt die Kochzeit

Ihr Spielraum in Bezug auf das Garen der Nudeln ist bei einer One Pot Pasta bekanntermaßen etwas geringer. In Salzwasser gekochte Nudeln mit

entsprechend viel Platz werden unabhängig von der Nudelsorte immer schön „al dente". Kochen Sie jedoch alles in einem Topf, bestimmt die gewählte Nudelsorte die Kochzeit des Gerichts, sobald die Pasta im Topf ist. Nachfolgend sehen Sie einige bekannte Nudelsorten und ihre Garzeiten:

Nudelsorte	Garzeit
Linguine	6-10 Minuten
Spaghetti	7-11 Minuten
Tagliatelle	8-13 Minuten
Penne	9-13 Minuten
Fusilli	9-13 Minuten
Pappardelle	8-15 Minuten
Tortellini	10-15 Minuten
Rigatoni	10-18 Minuten

Letztendlich gilt jedoch: Probieren geht immer über Studieren. Also können Sie nach der Mindestkochzeit ruhig schon mal eine Nudel probieren und auf ihre Bissfestigkeit testen. Sie sollte schon elastisch sein und Biss haben, aber keine harten oder gar knackigen Stellen mehr aufweisen. In Bezug auf die gewählte Nudelsorte ist es zudem besser, auf eher gleichmäßig geformte Nudeln zu setzen. Farfalle garen aufgrund ihrer Schmetterlingsform zum Beispiel nicht überall gleich schnell durch, was bei Nudelgerichten aus einem Topf durchaus zu kleineren Unregelmäßigkeiten führen kann.

3. One Pot Pasta benötigt kurze, aber intensive Betreuung

Sie können ein One Pot Pasta Gericht wesentlich schneller zaubern als bei herkömmlicher Zubereitung. Doch während der kurzen Zubereitungszeit müssen Sie sich intensiv darum kümmern, dass die Nudeln nicht anbrennen. Dies ist vor allem deshalb so wichtig, weil die Flüssigkeit durch das Kochen der Nudeln und die anderen Zutaten deutlich sämiger ist und somit die Pasta leichter anbrennen kann. Zudem ist auch weniger Flüssigkeit im Topf als beim Kochen in Salzwasser. Aus diesem Grund sollten Sie die Pasta immer wieder gut umrühren. So können Sie am Ende auch leichter erkennen, wann die Pasta auf den Punkt gar ist.

Wenn Sie bei der Zubereitung auf diese Aspekte achten, steht einer köstlichen Nudelschlemmerei nicht mehr im Wege!

Welche Zutaten eignen sich nicht für One Pot Pasta?

Der große Vorteil an One Pot Pasta liegt darin, dass sie so vielfältig ist. Sie können nahezu alle Zutaten verwenden und somit Ihrer Kreativität freien Lauf lassen. Aufgrund der besonderen Zubereitungsart gibt es allerdings einige kleine Einschränkungen und Besonderheiten, die Ihnen helfen, böse Überraschungen zu vermeiden:

1. Schmorfleisch ist eher ungeeignet

One Pot Pasta wird so zubereitet, dass wir möglichst schnell zu einem schmackhaften Ergebnis kommen. Aus diesem Grund eignet sich Schmorfleisch wie falsches Rinderfilet oder Gulasch nicht für One Pot Pasta. Das Fleisch hat dabei nämlich nicht genug Zeit, um so wunderbar zart zu werden, wie Sie es von einem guten Schmorbraten kennen.

2. Zarte Lebensmittel erst kurz vor Ende in den Topf geben

Enthält Ihr Pasta-Rezept sehr zarte und feingliedrige Lebensmittel wie Garnelen oder auch zartes Fischfilet, sollten Sie dieses erst einige Minuten (5-6) vor Ende der Kochzeit hinzugeben. Auf diese Weise verhindern Sie, dass die Zutaten komplett verkochen und auseinanderfallen. Soll Ihr Gemüse wie Zuckerschoten einen gewissen Biss behalten, ist es auch hier ratsam, die Zutaten nur einige Minuten mit zu kochen.

Die Welt der One Pot Pasta ist insgesamt so bunt und vielfältig, dass hier jeder etwas Passendes für seinen Geschmack finden kann. Mit den hier genannten Hinweisen und unseren Rezepten können Sie nun voll und ganz auf eine kulinarische Reise durch die Welt der Pastagerichte begeben und nach Herzenslust schlemmen.

Topf oder Pfanne – worin lässt sich One Pot Pasta am besten zubereiten?

Sie haben ein interessantes Rezept für One Pot Pasta gefunden, die Zutaten eingekauft und möchten loslegen? Nun stellt sich nur noch die Frage, worin Sie das Gericht zubereiten. Auch hier sind die Möglichkeiten vielfältig, denn obwohl One Pot Pasta sich direkt auf einen Topf bezieht, eignen sich mitunter auch hohe Pfannen für entsprechende Kreationen. Trotzdem sollten Sie einiges beachten, bevor Sie sich entscheiden:

1. Töpfe mit niedrigem Durchmesser bieten Vorteile

Wenn Sie sich für einen bestimmten Topf entschieden und die ersten Zutaten nebst Flüssigkeit hineingegeben haben, kommt der Moment der Wahrheit: Nun müssen auch die Nudeln in das Kochgefäß. In einem ungünstigen Fall lassen sich diese nicht so anordnen, dass sie am Ende auch komplett von der Flüssigkeit bedeckt sind. Nun könnten sie natürlich weitere Flüssigkeit nachschütten, jedoch sorgt zu viel Wasser oder Fonds leider dafür, dass die Nudeln zum Schluss matschig werden. Aus diesem Grund scheiden breite Fleisch- und Bratentöpfe gerade für kleinere Mengen (1-2 Personen) aus. Wählen Sie stattdessen einen schmaleren Topf (mit geringerem Durchmesser); in ihm steht die Flüssigkeit automatisch höher im Topf und Sie können die Nudeln leichter mit Flüssigkeit bedecken. Damit Sie jedoch trotzdem alle Zutaten unterbringen können, sollte der Kochtopf trotzdem eine gewisse Höhe haben.

Von dieser Regelung gibt es jedoch durchaus Ausnahmen:

- Spaghetti und Linguine: Diese Nudelsorten können problemlos in einem flacheren Topf mit höherem Durchmesser gegart werden. Lässt die Pasta sich dabei komplett in den Topf legen (kein Überstand), benötigt sie keinen hohen Flüssigkeitspegel.

- Sehr kleine Nudelsorten: Kompakte Nudelsorten wie Fusilli lassen sich fast immer in Flüssigkeit unterbringen. Sie benötigen nicht viel Platz und bilden auch nur sehr geringe Hohlräume.

2. Pfannen mit hohem Rand sind ebenfalls geeignet

Auch wenn das Prinzip einer Pfanne (flach und großer Durchmesser) dem oben Gesagten etwas widerspricht, eignen sich gerade Pfannen mit hohem Rand ebenfalls zur Zubereitung von One Pot Pasta. In diesem Fall sollten Sie eher auf Nudelsorten wie Spaghetti oder Fusilli setzen. Dafür hat eine Pfanne häufig Vorteile beim Anbraten von Fleisch oder anderen Zutaten.

Achtung: Auch bei einem hohen Rand ist das Fassungsvermögen einer Pfanne begrenzt. One Pot Pasta für mehr als 6 Personen gehört deshalb immer in einen großen Topf.

3. One Pot Pasta im Slowcooker – eine spannende Alternative

One Pot Pasta funktioniert auch im Slowcooker. Da die Zutaten jedoch insgesamt meist 7 bis 8 Stunden garen müssen, würde Pasta zu Brei verkochen, wenn sie von Anfang an mit dabei wäre. Bei einer geplanten Kochzeit von 6 bis 8 Stunden auf Stufe „LOW" stellen Sie den Slow Cooker 30 Minuten vor Ende der Garzeit am besten auf „HIGH" und geben die Nudeln hinzu. Achten Sie dabei darauf, dass sich noch genügend Flüssigkeit im Topfeinsatz befindet.

4. Ob Dutch Oven oder Campingkocher – One Pot Pasta ist das perfekte Outdoor-Gericht!

Sie campen für Ihr Leben gern, benötigen aber in kulinarischer Hinsicht etwas Abwechslung zum Grillen? Warum also nicht auch mal One Pot Pasta kochen? Diese funktioniert sowohl im Dutch Oven als auch in einem Camping-Kochtopf. Für den Dutch Oven gilt dabei dasselbe wie für den heimischen Slow Cooker – sollen die Nudeln Schmorgerichte bereichern, die mehrere Stunden lang gegart werden, geben Sie die Teigwaren erst 30 bis 40 Minuten vor Ende der Garzeit hinzu. Ihre Familie wird begeistert sein, auf einem Outdoor-Trip auch mal leckere Pasta zu essen.

Kleines Vorwort des Verlags

Bevor Sie zu Topf und Löffel greife, schenken Sie uns noch einen Moment Ihrer Aufmerksamkeit. Da unsere Autoren bereits mehrere Kochbücher veröffentlicht haben, sahen sie sich schon vielfach mit einer Frage konfrontiert:

Warum enthält dieses Buch keine Fotos der Gerichte?

Verständlicherweise vermissen viele Hobbyköche die appetitanregenden Fotos in Kochbüchern, die auf Amazon vertrieben werden. Dafür gibt es von unserer Seite zunächst eine simple Erklärung: Unsere Bücher sollen für jeden Leser leicht erschwinglich sein – auch und gerade in der gedruckten Form, die Hobbyköche eventuell gern auf ihrem Küchenboard oder dem Bücherregal sammeln. Selbst im digitalen Zeitalter lieben Leser es, ein Buch in Papierform in der Hand zu halten – leider steigen die Herstellungskosten um ein Vielfaches, wenn Verlage Farbabbildungen mit in ihre Publikationen aufnehmen. Unser Ziel sind jedoch Kochbücher mit schmackhaften, vielfältigen Rezepten, die wir zum Preis von unter 10 Euro inklusive Versand anbieten möchten.

Schließlich tauchen immer wieder Bücher auf, die beliebige Stockphotos zur Illustration ihrer Gerichte nutzen. Diese Hochglanzabbildungen schüren bei den Lesern hohe Erwartungen und lassen sie schließlich enttäuscht zurück, falls das nachgekochte Ergebnis dem Bild so gar nicht entspricht. Doch da auch wir als begeisterte Köche Rezeptbilder lieben, arbeiten wir aktuell an unserem ersten Kochbuch, für das wir die Bilder selbst erstellen. Dieses Projekt braucht Zeit und Ressourcen, sodass wir hoffen, Ihnen in der Zwischenzeit viele leckere, traditionelle und unkonventionelle Anregungen in unseren aktuellen Rezeptbüchern geben zu können.

Kann ich mich auf die Nährwertangaben verlassen?

Alle in den Rezepten angegebenen Nährwerte beziehen grundsätzlich auf eine Portion. Da Kalorien, Fett, Kohlenhydrate und Proteine in Naturprodukten sowie in Produkten verschiedener Hersteller stets leicht voneinander abweichen, dienen unsere Angaben vor allem als grobe Orientierungshilfe. Falls Sie aufgrund einer speziellen Diät oder einer Erkrankung auf exakte Werte angewiesen sind, greifen Sie auf Angebote wie Rezeptrechner-Online oder Nutritiv.org zurück. Dort können Sie die Werte ihrer bevorzugten Produkte hinterlegen und schnell bestimmen, wie es um Ihren Kalorienhaushalt bestellt ist.

Zu fad, zu exotisch oder zu kompliziert?

Da wir bestrebt sind, in unseren Büchern möglichst vielfältige Rezepte zu sammeln, ist es ganz natürlich, dass Ihnen nicht jedes gefallen wird. Manche Köche sind extrem experimentierfreudig, andere lieben die Perfektion in der simplen Zubereitung. Wählen Sie aus unserem Angebot die Inspirationen, die zu Ihrem Kochprofil passen!

Entsprechen die Rezepte einer gesunden Ernährungsweise?

Heutzutage kann man mit dem einfachen Wort „Pasta" bereits viele Menschen erschrecken, die einer kohlenhydratarmen Ernährung frönen. Dies ist uns durchaus bewusst – trotzdem möchten wir Anregungen für kreative Nudelrezepte geben. Viele der asiatischen Ideen dieses Kochbuchs basieren auf Fisch, magerem Fleisch, Tofu und reichlich Gemüse. Sie sind durchaus in eine Kost integrierbar, die auf Vitamine, Mineralstoffe und wenig Fett Wert legt. Trotzdem möchten wir Klassiker wie Spaghetti Carbonara und Tortellini alla panna nicht auslassen. Sie sind Teil der Küchenkultur und geben frisch zubereitet immer noch eine gesündere Mahlzeit ab, als Fast Food, das auf industriell veränderten Fetten und Zuckern basiert. Ob Sie die Traditionsgerichte durch Kochsahne, Halbfettkäse oder mageren Schinken etwas „entschärfen" möchten, bleibt Ihnen überlassen – die Rezepte funktionieren auch in einer Light-Version.

Welches Equipment brauche ich?

Hier offenbart sich der Vorteil von One-Pot-Pasta: Sie benötigen lediglich einen Topf, einen großen Löffel oder Pfannenwender und ihr Essgeschirr.

Viel Spaß!

VEGETARISCHE PASTA

Käsenudeln

Zubereitungszeit: 30 Minuten - 4 Portionen

Zutaten

400g Pasta (z.B. kleine Muschelnudeln)
1,2 Liter Vollmilch
250g aromatischer Hartkäse (z.B. Cheddar oder Bergkäse)
1 TL Salz

½ TL Senf
1 Messerspitze Muskatnuss, gerieben
2 EL Butter
Salz, Pfeffer
Frischer Schnittlauch

Zubereitung

1. Einen Topf auf mittlere Flamme stellen und darin sämtliche Zutaten außer Schnittlauch und Käse verrühren.

2. Die Nudeln unter Rühren erhitzen und etwa 20 Minuten lang simmern lassen, bis sie die Milch fast vollständig aufgesogen haben.

3. Den geriebenen Käse unter die Nudeln rühren und das Gericht abgedeckt ohne Hitze etwa 5 Minuten lang ruhen lassen

4. Sofort servieren und mit Schnittlauch garnieren.

5. Tipp: Für ein deftigeres Aroma können Sie im verwendeten Topf vorab zusätzlich 80g Speckwürfel anrösten.

Nährwertangaben pro Portion:
777 kcal | 86g Kohlenhydrate | 32g Fett | 35g Protein

Mexikanische One-Pot-Pasta

Zubereitungszeit: 30 Minuten - 3 Portionen

Zutaten

250g Spiralnudeln	1 Knoblauchzehe
1 Dose gehackte Tomaten	2 EL Olivenöl
½ Liter Gemüsebrühe	1 EL Paprikapulver
3 Paprikaschoten (rot, gelb und grün)	1 EL Kakaopulver
	1 TL Koriander
1 Chilischote	1 TL Cumin
1 Dose Mais	Saft einer halben Limette
1 Dose Kidneybohnen	1 TL brauner Zucker
1 rote Zwiebel	

Zubereitung

1. Paprika waschen und in grobe Würfel schneiden. Zwiebeln und Knoblauch schälen und in feine Ringe bzw. Scheiben schneiden.

2. Den Mais abtropfen lassen.

3. Sämtliche Zutaten außer den Kidneybohnen in einen weiten Topf geben und verrühren.

4. Das Gericht unter regelmäßigem Rühren etwa 15 Minuten lang kochen, bis die Nudeln weich geworden sind und die Flüssigkeit vollständig aufgenommen haben.

5. Fünf Minuten vor Garzeitende die abgetropften Kidneybohnen untermischen und mit erhitzen.

6. Tipp: Stilecht schmecken die mexikanischen Nudeln mit einem Klecks Sauerrahm oder Sojasahne und etwas frischem Koriander. Fleischfans können im Topf vorab 150g Rinderhack anschwitzen und mit den restlichen Zutaten auffüllen.

7. Geriebener Cheddar macht das Gericht noch reichhaltiger und verleiht ihm eine herzhafte Note.

Nährwertangaben pro Portion:
606 kcal | 92g Kohlenhydrate | 16g Fett | 22g Protein

VEGETARISCHE PASTA

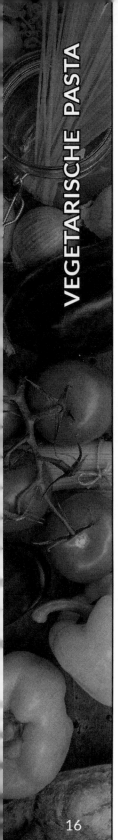

Frühlingspasta

Zubereitungszeit: 20 Minuten - 2 Portionen

Zutaten

250g Nudeln (z.B. Farfalle oder Penne)	100g Mais
500g Brokkoli	60ml Crème fraiche oder Sahne
250g grüner Spargel	2 EL Olivenöl
½ Zwiebel	Frischer Basilikum
5 Champignons	Salz und Pfeffer
100g TK-Erbsen	
2 Knoblauchzehen	

Zubereitung

1. Den Brokkoli in kleine Röschen teilen, den Spargel von den holzigen Enden befreien und in Stücke schneiden.

2. Knoblauch und Zwiebel schälen und in dünne Scheiben schneiden.

3. Die Champignons putzen und vierteln.

4. Das Gemüse und die Pasta in einem weiten Topf mischen und mit etwa 1 Liter Wasser auffüllen, damit alles knapp bedeckt ist. Öl und etwas Salz hinzufügen.

5. Das Gericht 10 bis 15 Minuten köcheln lassen, bis die Pasta weich ist und sämtliche Flüssigkeit aufgenommen hat. Dabei ständig rühren, damit nichts am Topfboden ansetzt.

6. Abschließend mit gehacktem Basilikum, Salz und frisch gemahlenem Pfeffer abschmecken und mit Crème fraiche verfeinern.

7. Tipp: Statt alle Zutaten von Beginn an in einem Topf zu garen, können Sie Zwiebel, Knoblauch und Champignons vorab im Öl anschwitzen und anschließend mit dem Wasser ablöschen. Aus dieser Zubereitungsart ergibt sich ein intensiveres Aroma.

8. Veganer nutzen Sojasahne statt Sahne oder ersetzen die Hälfte des Wassers durch Pflanzenmilch, um eine cremigere Konsistenz zu erreichen.

Nährwertangaben pro Portion:
409 kcal | 52g Kohlenhydrate | 14g Fett | 15g Protein

Vegane One-Pot-Pasta

ZZubereitungszeit: 25 Minuten - 4 Portionen

Zutaten

350g Pasta	60g schwarze Oliven
400ml Tomatensauce oder passierte Tomaten	1 kleine Aubergine
	1 Paprikaschote
500ml Wasser	3 EL Olivenöl
1 Knoblauchzehe	1 Zweig frischer Rosmarin
250g Champignons	Salz und frisch gemahlener Pfeffer
½ Zwiebel	
1 EL Olivenöl	

Zubereitung

1. Paprika und Aubergine waschen und in kleine Würfel schneiden; Champignons putzen und vierteln.

2. Die Zwiebel schälen und in feine Ringe zerteilen; Knoblauch durchpressen.

3. Das Olivenöl in einem weiten Topf erhitzen und die Zwiebel darin glasig dünsten. Anschließend die Paprika- und Auberginenwürfel, die Champignons und den Knoblauch mit hineingeben und ebenfalls einige Minuten lang unter Rühren andünsten.

4. Mit Tomatensauce, Wasser, Rosmarin, Oliven und Pasta auffüllen und unter Rühren 10 bis 12 Minuten simmern lassen.

5. Wenn die Pasta gar ist, das Gericht mit Salz und Pfeffer abschmecken.

Nährwertangaben pro Portion:
501 kcal | 76g Kohlenhydrate | 12g Fett | 15g Protein

Zucchini-Kichererbsen-Pasta

Zubereitungszeit: 20 Minuten - 4 Portionen

Zutaten

350g Fusilli	200ml fettreduzierte Crème fraiche
½ rote Zwiebel	2 EL Olivenöl
2 grüne Zucchini	½ Bund frische Petersilie
1 gelbe Zucchini	60g geriebener Parmesan
1/3 Dose Kichererbsen (etwa 150g)	Salz, grober Pfeffer frisch aus der Mühle
2 Knoblauchzehen	750ml Wasser

Zubereitung

1. Die Zwiebel schälen und fein würfeln. Die Zucchini längs halbieren und anschließend in etwa ½ Zentimeter starke Scheiben schneiden.

2. Das Öl in einem weiten Topf erhitzen und die Zwiebel darin glasig dünsten. Den Knoblauch dazupressen und mitbraten.

3. Zucchinischeiben und Kichererbsen zu den Zwiebeln geben und wenige Minuten mit andünsten lassen.

4. Mit Wasser und Crème fraiche auffüllen und mit Salz und Pfeffer würzen.

5. Alles aufkochen lassen und die Pasta einrühren. Anschließend etwa 10 bis 12 Minuten köcheln lassen, bis die Pasta al dente ist und die Flüssigkeit beinahe verschwunden.

6. Vor dem Servieren gehackte Petersilie und geriebenen Parmesan unter das Gericht mischen.

7. Vegan wird die Zucchinipasta, wenn Sie die Milchprodukte weglassen und die Hälfte des Wassers (oder mehr) mit Pflanzenmilch ersetzen. Mit Knoblauch geröstete Semmelbrösel bilden eine knusprige Garnitur für die Pasta und ersetzen den Parmesan.

Nährwertangaben pro Portion:
562 kcal | 73g Kohlenhydrate | 20g Fett | 21g Protein

Pasta mit Linsen und Oliven

....
Zubereitungszeit: 20 Minuten - 4 Portionen
....

Zutaten

350g Spaghetti
1 kleine Zwiebel
1 Dose braune Linsen
180g schwarze Oliven
2 Knoblauchzehen
500ml Tomatensauce
500ml Wasser
½ Bund frische Minze

2 EL Olivenöl
Meersalz und frisch gemahlener Pfeffer

Zubereitung

1. Das Olivenöl in einem weiten Topf erhitzen.

2. Die Zwiebel schälen und fein würfeln, den Knoblauch schälen und durchpressen.

3. Beides im heißen Öl andünsten und nach wenigen Minuten die abgetropften Linsen, die Tomatensauce, die Oliven, Wasser, Salz und Pfeffer einrühren.

4. Alles zusammen aufkochen und die Spaghetti hinzugeben. Dazu die Nudeln entweder durchbrechen oder den Topf so groß wählen, dass sie im Ganzen auf dem Topfboden liegen können.

5. Das Gericht etwa 10 bis 12 Minuten unter Rühren köcheln lassen, bis die Nudeln al dente sind.

6. Vor dem Servieren mit gehackter Minze verfeinern.

VEGETARISCHE PASTA

Nährwertangaben pro Portion:
698 kcal | 88g Kohlenhydrate | 26g Fett | 20g Protein

VEGETARISCHE PASTA

Cremige Avocadospaghetti

Zubereitungszeit: 20 Minuten - 4 Portionen

Zutaten

350g Spaghetti	3 EL Olivenöl
100g schwarze Oliven	3 EL Limettensaft
1 mittelscharfe rote Chilischote	60g geriebener Parmesan
2 Avocados	Salz und Pfeffer
150g Kirschtomaten	
2 Knoblauchzehen	
2 EL Pesto	

Zubereitung

1. Die Spaghetti in Salzwasser al dente kochen.

2. Während die Nudeln garen, die Avocado in kleine Würfel zerteilen und die Chilischote in feine Ringe schneiden.

3. Die Knoblauchzehen durchpressen und die Kirschtomaten waschen und je nach Größe vierteln oder halbieren.

4. Die Oliven entsteinen und grob hacken.

5. Die Nudeln abgießen, in den Topf zurückgeben und dort mit den Avocadostücken, Chili, Knoblauch, Pesto, Öl, Limettensaft, Oliven und geriebenem Parmesan vermengen.

6. Sofort servieren und mit frischem Basilikum garnieren.

7. Für eine etwas aufwendigere Variante pürieren Sie das Avocadofruchtfleisch mit Pesto, Knoblauch, Öl und Limettensaft zu einer cremigen Sauce, die Sie nach dem Kochen mit der Pasta vermengen.

Nährwertangaben pro Portion:
674 kcal | 66g Kohlenhydrate | 40g Fett | 13g Protein

Spaghetti, Tomaten und Basilikum

Zubereitungszeit: 20 Minuten - 4 Portionen

Zutaten

500g Spaghetti	1 Liter Wasser
500g Kirschtomaten	4 EL Olivenöl
1 Zwiebel	1 Bund Basilikum
2 Knoblauchzehen	1 Kugel Mozzarella
1 milde Chilischote	Salz und Pfeffer

Zubereitung

1. In einem großen Bräter, in dem die Spaghetti auf dem Boden liegen können, das Öl erhitzen.

2. Die Zwiebel schälen und fein würfeln, die Chilischote entkernen und in dünne Streifen schneiden.

3. Zwiebel und Chili im heißen Öl andünsten und den Knoblauch schälen und dazupressen.

4. Anschließend mit Wasser ablöschen und die Spaghetti sowie die halbierten Kirschtomaten mit in den Topf geben. Alles mit Salz und Pfeffer würzen.

5. Das Gericht etwa 10 Minuten unter Rühren köcheln lassen, bis die Nudeln al dente sind und beinahe die gesamte Flüssigkeit aufgenommen haben.

6. Den Mozzarella zerkleinern und unterheben. Kurz abwarten, bis der Käse im heißen Topf geschmolzen ist.

7. Basilikum waschen, hacken und kurz vor dem Servieren unter die Nudeln mischen.

VEGETARISCHE PASTA

Nährwertangaben pro Portion:
639 kcal | 95g Kohlenhydrate | 19g Fett | 22g Protein

VEGETARISCHE PASTA

Vollkornpasta mit Brokkoli

Zubereitungszeit: 20 Minuten - 4 Portionen

Zutaten

500g Vollkornpasta	2 Knoblauchzehen
300g Brokkoli	1 Prise Muskat
300g Blumenkohl	150g Bergkäse
½ Liter Milch	1 EL Pesto
1 Liter Gemüsefond	Salz und Pfeffer
4 EL Olivenöl	

Zubereitung

1. Brokkoli und Blumenkohl waschen und in Röschen teilen.

2. Knoblauch schälen und in dünne Scheiben schneiden.

3. Das Öl in einem weiten Topf erhitzen und den Knoblauch darin goldbraun rösten.

4. Mit Milch und Brühe ablöschen und das Gemüse sowie die Pasta einrühren.

5. Alles aufkochen lassen und unter Rühren etwa 10 bis 15 Minuten garen, bis die Nudeln die gewünschte Konsistenz erlangt haben.

6. Mit Pesto und Muskat würzen und den geriebenen Käse unterheben.

7. Abschließend mit Salz und Pfeffer abschmecken und sofort servieren.

8. Tipp: Vegan wird das Pastagericht, wenn Sie statt der Milch Pflanzenmilch nutzen und für die cremige Konsistenz statt Bergkäse etwas Mandelmus untermischen. Einige Mandelblättchen oder Cashewkerne passen dann als Garnitur.

Nährwertangaben pro Portion:
787 kcal | 101g Kohlenhydrate | 27g Fett | 34g Protein

Spaghetti mit Gorgonzola-Sauce

Zubereitungszeit: 20 Minuten - 4 Portionen

Zutaten

500g Spaghetti	2 EL Olivenöl
250g Gorgonzola	1 Schalotte
200ml Sahne	150g Champignons
200ml Milch	150g Babyspinat
400ml Gemüsefond	Frisch gemahlener Pfeffer

Zubereitung

1. Die Schalotte schälen und fein würfeln, die Champignons putzen und in Scheiben schneiden.

2. Den Babyspinat waschen und in einer Salatschleuder trocknen.

3. Einen weiten Bräter wählen, in dem die Spaghetti auf dem Boden liegen können, oder die Nudeln einmal durchbrechen.

4. Das Öl im Bräter erhitzen und die Schalotten darin glasig dünsten. Nach wenigen Minuten die Champignonscheiben mit hinzugeben und einige Minuten lang anbraten.

5. Alles mit Milch, Sahne und Gemüsefond ablöschen und die Flüssigkeit aufkochen lassen.

6. Die Spaghetti mit hineinlegen und etwa 10 Minuten lang unter Rühren köcheln, bis sie noch nicht ganz die perfekte Konsistenz erreicht haben.

7. Den Gorgonzola zerpflücken und gemeinsam mit dem Spinat unter die Pasta mischen.

8. Da Gericht noch wenige Minuten lang simmern lassen, bis der Käse zerlaufen und der Spinat zusammengefallen ist.

9. Mit frisch gemahlenem Pfeffer abschmecken und sofort servieren.

VEGETARISCHE PASTA

Nährwertangaben pro Portion:
945 kcal | 95g Kohlenhydrate | 49g Fett | 31g Protein

VEGETARISCHE PASTA

Bandnudeln mit rotem Thaicurry

ZZubereitungszeit: 20 Minuten - 4 Portionen

Zutaten

500g Tagliatelle	2 EL Kokosöl
500ml Gemüsefond	2 bis 4 EL rote Currypaste
1 Lauchzwiebel	1 Dose Kokosmilch
1 rote Paprikaschote	Salz, Pfeffer und Limetten-
1 grüne Paprikaschote	saft
1 kleine Möhre	
Einige Champignons	
100g Mais	

Zubereitung

1. Die Champignons putzen und in Scheiben schneiden, die Lauchzwiebel waschen und in feine Ringe zerkleinern.

2. Die Paprika waschen, entkernen und würfeln. Die Möhre schälen und in dünne Streifen schneiden.

3. In einem weiten Topf das Kokosöl erhitzen und darin die Lauchzwiebel und die Champignons scharf anbraten. Anschließend die Currypaste, Paprika und Möhren einrühren und wenige Minuten dünsten.

4. Mit Brühe und Kokosmilch ablöschen und die Flüssigkeit aufkochen lassen.

5. Mais und Pasta einrühren und das Gericht etwa 10 Minuten lang unter Rühren simmern lassen, bis die Pasta die gewünschte Konsistenz erreicht hat.

6. Falls die Flüssigkeitszugabe nicht ausreicht, fügen Sie zwischendurch noch einen Schuss Brühe oder Wasser hinzu.

7. Die Pasta abschließend mit Salz, Pfeffer und einem Spritzer Limettensaft abschmecken und sofort servieren.

8. Tipp: Leichter wird das Gericht durch fettreduzierte Kokosmilch. Statt Bandnudeln lassen sich auch Mienudeln oder Ramennudeln verwenden.

Nährwertangaben pro Portion:
583 kcal | 101g Kohlenhydrate | 11g Fett | 18g Protein

Pasta mit Käse-Jalapeno-Sauce

Zubereitungszeit: ca. 20 Minuten - 4 Portionen

Zutaten

2 EL Olivenöl	400ml Vollmilch
400g Pasta (z.B. Fusilli oder Penne)	3 EL Butter
2 Jalapenos	600ml Gemüsebrühe
1 grüne Paprika	200g Cheddar, gerieben
2 Knoblauchzehen	Zitronensaft, Salz und Pfeffer

Zubereitung

1. Die Jalapenos und die Paprikaschote entkernen und klein würfeln.

2. Die Knoblauchzehen schälen und in dünne Scheiben schneiden.

3. Das Öl in einem weiten Topf erhitzen und Knoblauch und Jalapenos darin etwa zwei Minuten lang anbraten.

4. Paprikawürfel hinzugeben und ebenfalls kurz mitdünsten lassen.

5. Mit Milch und Brühe ablöschen und die Flüssigkeit aufkochen lassen. Anschließend die Nudeln und die Butter hineingeben und alles unter Rühren etwa 10 bis 12 Minuten lang köcheln lassen, bis die Pasta al dente ist.

6. Zum Schluss den geriebenen Cheddar unterheben und das Gericht mit Zitronensaft, Salz und Pfeffer abschmecken.

VEGETARISCHE PASTA

Nährwertangaben pro Portion:
710 kcal | 79g Kohlenhydrate | 30g Fett | 29g Protein

VEGETARISCHE PASTA

Kürbis-Pasta

Zubereitungszeit: ca. 25 Minuten - 4 Portionen

Zutaten

350g Butternutkürbis (ersatzweise Hokkaido)	1 TL geriebener Ingwer
	1 Messerspitze Muskat
400g Penne	1 Messerspitze Zimt
2 EL Olivenöl	1 TL Paprikapulver
1 rote Zwiebel	200ml Orangensaft
1 Knoblauchzehe	150g Rucola
500ml Gemüsebrühe	Gruyère oder Parmesan

Zubereitung

1. Zwiebel und Knoblauch schälen und fein würfeln.

2. Den Kürbis schälen (Hokkaido ungeschält belassen und nur waschen) und vom Kerngehäuse befreien. Das Fruchtfleisch in etwa 2 mal 2 Zentimeter große Würfel schneiden.

3. Das Öl in einem weiten Topf erhitzen und die Zwiebel darin glasig dünsten. Anschließend Knoblauch, Kürbis, Zimt, Muskat, Paprikapulver und Ingwer hinzugeben und kurz mitbraten.

4. Mit Brühe und Orangensaft ablöschen und die Flüssigkeit anschließend aufkochen lassen.

5. Die Nudeln hineingeben und unter gelegentlichem Rühren etwa 10 bis 12 Minuten lang köcheln lassen, bis sie gar sind und die Flüssigkeit vollständig aufgenommen haben.

6. Mit Salz und Pfeffer abschmecken und jede Portion auf dem Teller mit Rucola und geriebenem Käse garnieren.

7. Für eine vegane Variante nutzen Sie für die Garnitur geröstete Kürbiskerne und einige Tropfen Kürbiskernöl.

Nährwertangaben pro Portion:
421 kcal | 85g Kohlenhydrate | 8g Fett | 13g Protein

Pasta mit Ziegenkäse und Honig

ZZubereitungszeit: ca. 25 Minuten - 4 Portionen

Zutaten

350g Vollkornpasta	100g getrocknete Tomaten
4 EL Olivenöl	1 Zweig Rosmarin
1 EL Honig	1 Zweig Thymian
1 rote Zwiebel	1 TL Paprikapulver
1 Knoblauchzehe	150g Ziegenfrischkäse
700ml Gemüsebrühe	Salz und Pfeffer
250g Kirschtomaten	

Zubereitung

1. Zwiebel und Knoblauch schälen und fein würfeln. Die getrockneten Tomaten in Streifen schneiden.

2. Thymianblättchen vom Zweig trennen, Rosmarin fein hacken.

3. Das Öl in einem weiten Topf erhitzen und die Zwiebel darin glasig dünsten. Anschließend Knoblauch, getrocknete Tomaten, Thymian und Rosmarin hinzufügen und mit dem Honig alles leicht karamellisieren lassen.

4. Mit Brühe ablöschen und die Nudeln sowie die Kirschtomaten hinzugeben.

5. Die Paste unter gelegentlichem Rühren etwa 10 bis 12 Minuten lang köcheln lassen, bis sie al dente ist und die Flüssigkeit vollständig aufgenommen hat.

6. Den zerbröckelten Ziegenkäse vorsichtig unterheben und das Gericht mit Salz und Pfeffer abschmecken.

Nährwertangaben pro Portion:
581 kcal | 74g Kohlenhydrate | 24g Fett | 16g Protein

Süße Pasta

Zubereitungszeit: ca. 25 Minuten - 4 Portionen

Zutaten

300g Bandnudeln
100ml Kokosmilch
100ml Sahne
200 bis 400ml Wasser
1 Zimtstange
das Mark einer Vanilleschote
4 EL Butter

50g Rohrzucker oder Kokosblütenzucker
400g eingemachte Früchte (z.B. Pfirsiche oder Pflaumen)
40g Mandelblättchen oder gehackte Haselnüsse

Zubereitung

1. Kokosmilch, Sahne, Wasser, Zimtstange und Vanillemark in einen Topf geben und bei mittlerer Hitze aufkochen lassen.

2. Die Nudeln in die Flüssigkeit geben und 10 bis 12 Minuten köcheln lassen, bis sie weich sind.

3. Die Früchte mundgerecht zerkleinern und zusammen mit Butter und Zucker unter die Nudeln heben.

4. Jede Portion mit gehackten Nüssen oder Mandelblättchen garnieren.

5. Tipp: Für eine vegane Variante lassen Sie die Sahne und die Butter weg und nutzen die doppelte Menge Kokosmilch.

6. Auch Trockenfrüchte wie Rosinen oder Kirschen passen zur süßen Pasta – allerdings sollten Sie diese vorab in Saft einweichen und bereits zu Beginn der Kochzeit hinzugeben.

Nährwertangaben pro Portion:
546 kcal | 73g Kohlenhydrate | 23g Fett | 12g Protein

Pasta mit getrockneten Tomaten und Feta

Zubereitungszeit: ca. 25 Minuten - 4 Portionen

Zutaten

400g Vollkornnudeln	10 getrocknete Tomaten in Öl
250g Kirschtomaten	20 schwarze Oliven
2 EL Olivenöl	150g Babyspinat
1 Zwiebel	200g Feta
1 Knoblauchzehe	Salz und schwarzer Pfeffer
500ml Gemüsebrühe	
500ml Wasser	

Zubereitung

1. Zwiebel und Knoblauch schälen und fein würfeln.

2. Die getrockneten Tomaten grob hacken; die Cocktailtomaten je nach Größe halbieren oder vierteln.

3. Das Öl in einem weiten Topf erhitzen und die Zwiebel darin glasig dünsten. Anschließend die getrockneten Tomaten hinzugeben und eine Minute lang mit anbraten.

4. Mit Brühe und Wasser ablöschen, Oliven und Tomaten hinzugeben und die Flüssigkeit aufkochen lassen.

5. Die Nudeln hineingeben und unter gelegentlichem Rühren etwa 10 bis 12 Minuten lang köcheln lassen, bis sie gar sind und die Flüssigkeit vollständig aufgenommen haben.

6. Den Babyspinat unterheben und kurz zusammenfallen lassen. Schließlich den Feta zerbröckeln und unmittelbar vor dem Servieren unter die Nudeln mischen.

7. Mit Salz und Pfeffer abschmecken.

Nährwertangaben pro Portion:
530 kcal | 76g Kohlenhydrate | 15g Fett | 22g Protein

VEGETARISCHE PASTA

Spaghetti mit Erdnusssauce

Zubereitungszeit: ca. 25 Minuten - 4 Portionen

Zutaten

400g Spaghetti	3 Shiitake-Pilze
1 Liter Gemüsebrühe	200g Zuckerschoten
2 EL Erdnussöl	4 EL Erdnussbutter
4 Knoblauchzehen	125g geröstete Erdnüsse
30 Gramm Ingwer	3 EL Sojasauce
1 rote Chilischote	3 EL Limettensaft
1 Möhre	Salz und Pfeffer
1 rote Paprika	

Zubereitung

1. Knoblauch schälen und in Scheiben schneiden, Ingwer fein würfeln und die Chilischote entkernen und in feine Streifen schneiden.

2. Die Paprika waschen, entkernen und in mundgerechte Stücke zerteilen. Die Pilze putzen und in Scheiben schneiden. Die Möhre schälen und zu feinen Streifen verarbeiten.

3. Das Öl in einem weiten Topf erhitzen und Knoblauch, Ingwer und Chili darin anrösten. Nach wenigen Minuten die Pilze hinzufügen und ebenfalls andünsten. Schließlich Paprika- und Möhrenstücke mit in den Topf hineingeben und kurz mitbraten.

4. Mit Brühe ablöschen und die Flüssigkeit aufkochen lassen. Anschließend die Nudeln hineinlegen, die Erdnussbutter einrühren und das Gericht bei geringer Hitze etwa 10 bis 12 Minuten simmern lassen, bis die Pasta al dente ist.

5. Fünf Minuten vor Ende der Garzeit die geputzten Zuckerschoten untermischen.

6. Mit Sojasauce und Limettensaft abschmecken und den gehackten Koriander unterheben.

7. Jede Portion mit gerösteten Erdnüssen garnieren.

Nährwertangaben pro Portion:
756 kcal | 86g Kohlenhydrate | 33g Fett | 29g Protein

Glasnudel-Tofucurry

Zubereitungszeit: ca. 25 Minuten - 4 Portionen

Zutaten

400g Tofu, schnittfest	2 Kaffir-Limettenblätter
400g Glasnudeln	25g Ingwerwurzel
2 Zwiebeln	2 EL Kokosöl
4 Knoblauchzehen	1 Dose Kokosmilch
3 kleine Zucchini	500 ml Gemüsebrühe
300g Mais	1 Bund Koriander
2 Stängel Zitronengras	Sojasauce und Limettensaft
1 grüne Chilischote	zum Abschmecken

Zubereitung

1. Zwiebel und Knoblauch schälen und würfeln. Die Chilischote entkernen und in feine Streifen schneiden; den Ingwer schälen und reiben.

2. Das Zitronengras mit dem Messerrücken flachklopfen und den Tofu in mundgerechte Stücke schneiden.

3. Die Zucchini waschen und in dünne Scheiben schneiden; den Mais abtropfen lassen.

4. Das Öl in einem weiten Topf erhitzen und die Tofuwürfel darin von allen Seiten goldgelb braten. Anschließend Ingwer, Chili, Zwiebeln und Knoblauch hinzufügen und kurz mitrösten.

5. Mit Kokosmilch und Brühe ablöschen; Zucchini, Mais und den Zitronengrasstängel hinzufügen. Die Flüssigkeit aufkochen lassen und etwa 5 Minuten köcheln, bis die Zucchini gar sind.

6. Die Glasnudeln in das Curry legen und unter Rühren 2 bis 4 Minuten weich werden lassen.

7. Das Gericht mit Sojasauce und Limettensaft abschmecken und die Portionen mit frischem Koriander garnieren.

8. Tipp: Statt Glasnudeln passen auch Reisnudeln zu diesem veganen Currygericht. Wenn Sie sich den Gewürzkauf vereinfachen möchten, ersetzen Sie Ingwer, Zitronengras, Chili und Knoblauch durch 2 Esslöffel grüne Thaicurry-Paste.

Nährwertangaben pro Portion:
627 kcal | 109g Kohlenhydrate | 14g Fett | 14g Protein

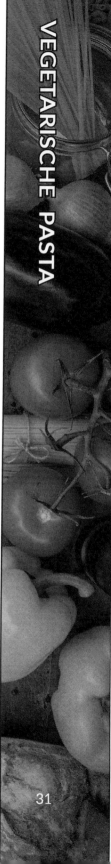

Pasta „afrikanisch"

Zubereitungszeit: ca. 25 Minuten - 4 Portionen

Zutaten

350g kurze Nudeln, z.B. Fusilli oder Penne	4 cm Ingwerwurzel
250g Süßkartoffeln	1 grüne Chilischote
1 rote Zwiebel	1 TL Koriander
2 Knoblauchzehen	1 TL Kreuzkümmel
1 Dose gehackte Tomaten	1 EL Kurkuma
2 EL Erdnussöl	4 EL Erdnussmus
600ml Gemüsebrühe	4 EL gehackte und geröstete Erdnüsse
200ml Wasser	Salz und Pfeffer

Zubereitung

1. Zwiebel und Knoblauch schälen und fein würfeln.

2. Süßkartoffel schälen und in mundgerechte Stücke schneiden.

3. Den Ingwer schälen und reiben; die Chilischote entkernen und in Streifen schneiden.

4. Das Öl in einem weiten Topf erhitzen und die Zwiebel darin glasig dünsten. Anschließend den Knoblauch dazupressen; Ingwer und Chili ebenfalls hinzugeben und kurz anschwitzen lassen.

5. Die Süßkartoffelwürfel kurz mitbraten und Koriander, Kreuzkümmel und Kurkuma mit einstreuen.

6. Mit Brühe und Wasser ablöschen, bevor Pasta, Erdnussmus und Tomaten mit in den Topf kommen.

7. Etwa 10 Minuten lang köcheln lassen, bis die Nudeln gar sind.

8. Die einzelnen Portionen mit gehackten Erdnüssen garnieren.

Nährwertangaben pro Portion:
688 kcal | 88g Kohlenhydrate | 27g Fett | 22g Protein

Süßkartoffelnudeln mit Spinat

Zubereitungszeit: ca. 25 Minuten plus Einweichzeit - 2 Portionen

Zutaten

- 3 große Süßkartoffeln
- 150g Cashews
- 180ml Wasser
- 1 Knoblauchzehe
- 400g Spinat
- 2 EL Olivenöl
- Muskat, Salz und Pfeffer

Zubereitung

1. Die Cashewnüsse 2 Stunden in Wasser einweichen, abgießen und anschließend abspülen.

2. Süßkartoffeln schälen und mithilfe eines Spiralschneiders in „Spaghetti" verwandeln.

3. Die Cashews mit 180ml Wasser, einer Knoblauchzehe und Salz im Mixer zu einer homogenen Sauce verarbeiten.

4. Das Öl in einer Pfanne erhitzen und die Süßkartoffelnudeln darin 6 bis 7 Minuten lang braten, bis sie knusprig und gar sind.

5. Den Spinat unter die Süßkartoffeln mischen und zusammenfallen lassen.

6. Mit der Cashewsauce vermischen und alles mit Muskat, Salz und Pfeffer würzen.

7. Tipp: Mithilfe eines Spiralschneiders können Sie Kartoffeln, Süßkartoffeln, Kürbis und Zucchini in Schlangen verwandeln, die Sie wie Nudeln mit diversen Saucen servieren können. Auf diese Weise lässt sich auch kindlichen Gemüseverächtern die vitalstoffreiche Küche nahebringen.

Nährwertangaben pro Portion:
568 kcal | 63g Kohlenhydrate | 29g Fett | 12g Protein

VEGETARISCHE PASTA

Linguine mit Miesmuscheln

Zubereitungszeit: 30 Minuten - 4 Portionen

Zutaten

1,5 kg Miesmuscheln	2 Knoblauchzehen
500g Linguine	1 Bund Petersilie (glatt)
1 Zwiebel (wahlweise 2 Schalotten)	1 EL Olivenöl und 20 Gramm Butter
600ml trockener Weißwein	Meersalz und frisch gemahlener schwarzer Pfeffer
500ml Gemüsefonds	
1 Bund Suppengrün (Möhre, Lauch, Sellerie)	

Zubereitung

1. Die Miesmuscheln gründlich putzen und die Bärte entfernen. Die Muscheln, die sich nach dem Abwaschen nicht geschlossen haben oder beschädigt sind, unbedingt aussortieren – sie sind nicht mehr essbar.

2. Zwiebeln und Knoblauch schälen und fein hacken.

3. Suppengrün ebenfalls in kleine Würfel schneiden.

4. Olivenöl in einem großen Schmortopf erhitzen und die Zwiebeln, den Knoblauch sowie das gewürfelte Suppengemüse darin fein andünsten.

5. Nun die Muscheln hinzugeben, durchmischen und alles zusammen noch einmal 2-3 Minuten dünsten lassen.

6. Mit 400 ml des Weißweins ablöschen und dabei immer wieder umrühren.

7. 1-2 Minuten später die Nudeln in den Topf geben und mit der restlichen Flüssigkeit auffüllen. Da alles zusammen einkocht, lieber zunächst etwas weniger Flüssigkeit zugeben und später noch nachfüllen, falls diese von den Nudeln aufgesaugt wird.

8. Das Gericht noch 6-8 Minuten köcheln lassen und dabei immer wieder umrühren – die Nudeln sollte al dente sein.

9. Zu guter Letzt noch die Butter in die Soße rühren und die Pasta servieren.

Nährwertangaben pro Portion:
689 kcal | 77g Kohlenhydrate | 16g Fett | 42g Protein

Mie-Nudeln mit Garnelen

Zubereitungszeit: 20 Minuten - 4 Portionen

Zutaten

- 400g Garnelen, küchenfertig
- 1 rote Paprikaschote
- 1 Lauchstange
- 1 Möhre
- 1 Knoblauchzehe
- 2 EL Erdnuss- oder Kokosöl
- 500ml Fischfond
- 2 cm Ingwerwurzel
- 1 Chilischote
- 400g Instant-Mienudeln
- Sojasauce und Limettensaft zum Abschmecken
- 1 Bund frischer Koriander

Zubereitung

1. Paprika, Lauch und Möhre in sehr feine Streifen schneiden. Knoblauch und Ingwer fein hacken und die Chilischote in Ringe schneiden.

2. Das Öl in einem Topf erhitzen und darin Knoblauch, Ingwer und Chili sowie die Gemüsestreifen anschwitzen.

3. Mit Fischfond aufgießen und Garnelen und Mienudeln hinzufügen. Unter Rühren die Nudeln weich werden und die Garnelen gar etwa 5 Minuten lang gar ziehen lassen.

4. Den Koriander waschen und hacken. Das Gericht abschließend mit Limettensaft und Sojasauce abschmecken und mit Koriander verfeinern.

5. Tipps: Halten Sie zusätzlich zur Brühe heißes Wasser bereit, wenn es zum Garen der Nudeln kommt. Nehmen diese rasch die komplette Brühe auf, fügen Sie nach und nach etwas Wasser hinzu, bis sie die perfekte Konsistenz erreicht haben.

6. Als Alternative zu Garnelen, lassen sich auch Hackfleisch oder Hähnchenbrustfilet im Rezept nutzen – diese fügen Sie dann gemeinsam mit den Gewürzen dem Gericht hinzu. Falls Sie es fleischlos mögen, braten Sie Tofuwürfel mit Ingwer, Chili und Knoblauch an und löschen Sie das Gericht mit Gemüsebrühe ab.

Nährwertangaben pro Portion:
539 kcal | 76g Kohlenhydrate | 11g Fett | 33g Protein

Jambalaya-Pasta

Zubereitungszeit: ca. 25 Minuten - 4 Portionen

Zutaten

- 1 Hähnchenbrustfilet (200g)
- 1 Lachsfilet (200g)
- 100g Shrimps oder frisch gefangener Fisch (filetiert)
- 400g Pasta (z.B. kleine Muschelnudeln)
- 1 grüne Paprika
- 1 rote Paprika
- 1 Zwiebel
- 1 große Möhre
- 1 Stange Sellerie
- 2 Knoblauchzehen
- 1 Dose gehackte Tomaten
- 2 EL Kreolische Gewürzmischung (ersatzweise Paprikapulver, Cayennepfeffer, Oregano und Thymian)
- 800ml Hühnerbrühe

Zubereitung

1. Das Gemüse putzen: Paprika von Kerngehäuse befreien, die harten Fäden der Selleriestange abziehen und Möhre und Zwiebel schälen.

2. Zwiebel und Sellerie fein würfeln, die Paprikaschoten und die Möhre in mundgerechte Stücke zerteilen. Die Hähnchenbrust waschen und ebenfalls in Würfel schneiden.

3. Das Öl in einem weiten Topf erhitzen und das Fleisch darin rundherum anbraten. Zwiebeln dazugeben und glasig dünsten; Knoblauch schälen und dazupressen.

4. Sellerie, Möhre und Paprika mit zum Fleisch geben und mit der kreolischen Würzmischung bestäuben.

5. Einige Minuten lang dünsten und schließlich mit Brühe und Dosentomaten ablöschen.

6. Die Pasta unter das Gericht rühren und etwa 10 bis 12 Minuten lang mitkochen lassen, bis sie al dente ist.

7. Fünf Minuten vor Ende der Garzeit der Nudeln den in Würfel geschnittenen Lachs und die Garnelen hinzugeben und beides mit garziehen lassen.

8. Tipp: Stilecht wird Jambalaya in der kreolischen Küche mit Chilisauce serviert.

Nährwertangaben pro Portion:
618 kcal | 79g Kohlenhydrate | 14g Fett | 43g Protein

Bandnudeln mit Kapern und Thunfisch

Zubereitungszeit: 20 Minuten - 4 Portionen

Zutaten

350g Tagliatelle	½ Paket TK-Kräuter „italienische Mischung"
1 Dose Thunfischfilets in Öl	
800ml Gemüsefond	100g Kapern
2 EL Olivenöl	100g Pecorino
1 Zwiebel	½ Zitrone
2 Knoblauchzehen	Salz und Pfeffer

Zubereitung

1. Die Zwiebel und die Knoblauchzehen schälen und fein würfeln.

2. Den Thunfisch abtropfen lassen.

3. Das Öl in einem weiten Topf erhitzen und Knoblauch und Zwiebeln darin goldbraun dünsten. Den Thunfisch und die Kapern kurz hinzugeben und eine Minute lang mitbraten.

4. Mit Gemüsefond ablöschen und die Flüssigkeit aufkochen lassen.

5. Die Pasta hineinlegen und die Tiefkühlkräuter hinzufügen.

6. Anschließend das Gericht unter Rühren 10 Minuten köcheln lassen, bis die Nudeln al dente sind.

7. Anschließend mit Salz, Pfeffer und Zitronensaft abschmecken und den geriebenen Pecorino unterheben.

Nährwertangaben pro Portion:
673 kcal | 79g Kohlenhydrate | 26g Fett | 33g Protein

Pasta mit Gurken, Dill und Lachs

Zubereitungszeit: ca. 25 Minuten - 4 Portionen

Zutaten

350g Tagliatelle	1 EL Currypulver, mild
500g Schmorgurken	200g Doppelrahmfrischkäse
2 EL Olivenöl	250g Lachsfilet
2 Zwiebeln	Frischer Dill
400ml Fischfond	Zitronensaft
200ml Weißwein	Salz und Pfeffer
100ml Wasser	

Zubereitung

1. Zwiebel schälen und fein würfeln.

2. Die Schmorgurken schälen, vierteln und die Kerne mit einem Esslöffel herausschaben. Die Gurkenviertel anschließend in etwa 2 cm breite Stücke schneiden.

3. Das Öl in einem weiten Topf erhitzen und die Zwiebel darin glasig dünsten. Anschließend die Gurken hinzufügen, mit Curry bestäuben und kurz mitbraten.

4. Mit Weißwein, Brühe und Wasser ablöschen und den Frischkäse einrühren. Anschließend die Nudeln in die Flüssigkeit geben und bei geringer Hitze etwa 10 bis 12 Minuten simmern lassen, bis sie al dente sind.

5. Das Lachsfilet in mundgerechte Würfel schneiden und etwa 5 Minuten vor Garzeitende unter die Nudeln mischen und gar ziehen lassen.

6. Den Dill waschen, hacken und kurz vor dem Servieren unter das Gericht mischen.

7. Mit Salz, Pfeffer und Zitrone abschmecken und servieren.

Nährwertangaben pro Portion:
796 kcal | 73g Kohlenhydrate | 38g Fett | 32g Protein

Hackbällchen mit Udon-Nudeln

Zubereitungszeit: 30 Minuten - 4 Portionen

Zutaten

400g Udonnudeln	4 cm Ingwerwurzel
1 Liter hochqualitativer Hühnerfond	1 Zimtstange
	2 Sternanis
1 Stängel; Zitronengras	2 EL Fischsauce
250g gemischtes Hackfleisch	2 EL Erdnussöl
250g braune Champignons	1 Schalotte
1 rote und 1 grüne Chilischote	½ TL gekörnte Brühe
	½ TL brauner Zucker
4 Frühlingszwiebeln	1 Prise Muskat
	½ TL Pfeffer

Zubereitung

1. Die Schalotte schälen und sehr fein hacken. Zwei der Frühlingszwiebeln in feine Ringe schneiden.

2. Das Hackfleisch mit den geschnittenen Zwiebeln, Frühlingszwiebeln und gekörnter Brühe, Zucker, Pfeffer und Muskat zu einer homogenen Masse vermengen. Anschließend Bällchen mit etwa 2 bis 3 Zentimeter Durchmesser formen.

3. Die Champignons putzen und in Scheiben schneiden.

4. Das Erdnussöl in einem Topf erhitzen und die Hackbällchen 2 Minuten lang scharf von allen Seiten anbraten. Anschließend die Champignonscheiben kurz mit anrösten.

5. Mit der Brühe ablöschen und die Zimtstange, den Sternanis und den in Streifen geschnittenen Ingwer hinzufügen. Das Zitronengras mit dem Messerrücken flachklopfen und ebenfalls in die Brühe legen.

6. Alles etwa 10 Minuten lang köcheln lassen. Anschließend die Udonnudeln hinzufügen und nach Packungsangabe lang weich werden lassen.

7. Die Chilischoten und die verbliebenen Frühlingszwiebeln in Ringe schneiden und unter die Nudeln mischen. Das Gericht mit Fischsauce abschmecken.

8. Vor dem Servieren, Zitronengras, Zimt und Sternanis entfernen.

9. Tipp: Statt gemischtes Hackfleisch lässt sich auch Rinderhackfleisch für das Gericht verwenden. Als Alternative zu Udonnudeln nutzen Sie nach Geschmack Glasnudeln oder Mienudeln.

Nährwertangaben pro Portion:
643 kcal | 74g Kohlenhydrate | 23g Fett | 34g Protein

Pasta mit Hack und sauren Gurken

Zubereitungszeit: 20 Minuten - 3 Portionen

Zutaten

- 250g Pasta (z.B. Spiralnudeln oder Penne)
- 500g Rinderhack
- 750g heißes Wasser
- ½ Zwiebel
- 5 Champignons
- 2 Knoblauchzehen
- 6 saure Gurken
- 100g Mais
- 2 EL Olivenöl
- 125ml Sahne, Schmand oder Crème fraiche
- 1 Bund frische glatte Petersilie
- Salz und Pfeffer

Zubereitung

1. Die Champignons putzen und in dünne Scheiben schneiden; die Gürkchen je nach Größe halbieren oder vierteln und ebenfalls in Scheiben zerkleinern.

2. Das Öl in einem weiten Topf erhitzen und die fein gewürfelte Zwiebel darin glasig dünsten.

3. Das Hackfleisch hinzufügen und etwa 3 bis 4 Minuten lang bräunen lassen. Anschließend mit dem heißen Wasser ablöschen.

4. Pasta, Champignons, Gürkchen und Mais hinzufügen und mit etwas Salz würzen.

5. Das Gericht etwa 10 Minuten unter Rühren köcheln lassen, bis die Nudeln gar sind.

6. Anschließend mit Salz und Pfeffer abschmecken sowie mit Schmand und gehackter Petersilie verfeinern.

7. Tipp: Geriebener Parmesan verleiht dem Gericht eine noch pikantere Note und machte es reichhaltiger.

Nährwertangaben pro Portion:
670 kcal | 52g Kohlenhydrate | 34g Fett | 38g Protein

Pasta mit Lamm und Minze

Zubereitungszeit: 25 Minuten - 4 Portionen

Zutaten

- 500g Lammhackfleisch
- 320g Pasta (Penne oder kleine Muschelnudeln)
- 1 rote Zwiebel
- 2 Knoblauchzehen
- 500ml Hühnerbrühe
- 200ml Wasser
- 1 Dose gehackte Tomaten
- ½ TL Zimt
- 150g Feta
- 3 Zweige frische Minze
- 1 EL Olivenöl
- Salz und Pfeffer

Zubereitung

1. Die Zwiebel schälen und fein würfeln; den Knoblauch durchpressen.

2. Das Öl in einem weiten Topf erhitzen und Knoblauch und Zwiebeln darin andünsten.

3. Das Lammhackfleisch hinzugeben und einige Minuten lang mitrösten.

4. Mit Brühe und Wasser ablöschen und die Pasta sowie die Tomaten hinzugeben.

5. Mit Salz und Zimt würzen und 10 bis 12 Minuten köcheln lassen, bis die Pasta gar ist. Dabei ständig rühren und Wasser nachfüllen, falls die Flüssigkeitsmenge zu schnell verdunstet.

6. Die frische Minze hacken und das Gericht damit sowie mit Pfeffer und Salz abschmecken.

7. Abschließend den zerbröckelten Feta unterheben und sofort servieren.

8. Tipp: Falls Sie Minze nicht mögen, passt auch Rosmarin hervorragend zum Lamm. Diesen sollten Sie allerdings bereits mit der Brühe zum Gericht hinzufügen, damit sich die Aromen gut entfalten.

Nährwertangaben pro Portion:
749 kcal | 62g Kohlenhydrate | 36g Fett | 43g Protein

Pasta mit Schweinefilet und Aprikosen

Zubereitungszeit: 15 Minuten - 4 Portionen

Zutaten

400g Tagliatelle	1 Lauchzwiebel
400g Schweinefilet	5 Thymianzweige
2 EL Olivenöl	Meersalz
100g getrocknete Aprikosen	150ml Obstsaft (Apfel, Birne oder Aprikose)
400ml Hühnerbrühe	
300ml Wasser	Salz und Pfeffer
2 Schalotten	

Zubereitung

1. Schalotten schälen und fein würfeln; Lauchzwiebel in Ringe schneiden.

2. Das Fleisch von Sehnen und Silberhaut befreien und mundgerecht würfeln.

3. Thymianblättchen von den Zweigen abstreifen. Die Aprikosen hacken.

4. Das Öl in einem weiten Topf erhitzen und das Fleisch darin kurz und scharf anbraten.

5. Die Schalotten kurz mit dem Fleisch glasig dünsten; gleichzeitig Lauchzwiebel, Thymian und Aprikosen hinzufügen.

6. Mit Saft, Wasser und Brühe ablöschen und die Nudeln mit in den Topf geben.

7. Etwa 10 Minuten köcheln lassen, bis die Pasta die perfekte Konsistenz angenommen hat.

8. Mit Salz und Pfeffer abschmecken und mit einem Thymianzweig garniert auf Tellern anrichten.

9. Tipp: Statt getrockneter Aprikosen eignen sich auch 200g frische Früchte für dieses Gericht. Verwenden Sie in diesem Fall Aprikosen oder Pfirsiche.

10. Der Thymian lässt sich ganz nach Belieben durch frischen Rosmarin ersetzen. Falls Sie es reichhaltiger mögen und eine cremige Sauce anstreben, ersetzen Sie 200ml Wasser durch Sahne.

Nährwertangaben pro Portion:
608 kcal | 84g Kohlenhydrate | 13g Fett | 36g Protein

Pasta mit Speck, Tomaten und Rucola

Zubereitungszeit: 25 Minuten - 4 Portionen

Zutaten

350g Spaghetti	1 EL Olivenöl
200g Räucherspeck, gewürfelt	100g Rucola
2 Dosen gehackte Tomaten	1 TL geräuchertes Paprikapulver
500ml Gemüsebrühe	1 TL Chiliflocken
2 Knoblauchzehen	Salz und Pfeffer

Zubereitung

1. Öl in einem weiten Topf erhitzen und den Speck darin kurz anbraten. Knoblauch dazupressen und mitrösten.

2. Mit Tomaten, Paprikapulver, Chiliflocken, Brühe und Pasta auffüllen; dabei die Spaghetti entweder durchbrechen, damit sie auf dem Topfboden liegen können oder einen großen Bräter wählen.

3. Alles etwa 10 bis 12 Minuten lang unter Rühren köcheln lassen, bis die Spaghetti gar sind. Das Gericht mit Salz und Pfeffer abschmecken.

4. Die Rucolablätter waschen und trockenschleudern. Anschließend vorsichtig unter die heiße Pasta heben und die Nudeln servieren.

5. Tipp: Wer eine cremigere Konsistenz mag, kann vor den Rucolablättern geriebenen Mozzarella unter die Pasta mischen und ihn schmelzen lassen.

6. Statt Rucola können Sie auch Babyspinat verwenden.

Nährwertangaben pro Portion:
699 kcal | 70g Kohlenhydrate | 39g Fett | 18g Protein

PASTA MIT FLEISCH

Spaghetti mit Speck und Lauch

Zubereitungszeit: 25 Minuten - 4 Portionen

Zutaten

350g Spaghetti	750ml Hühnerbrühe
200g Räucherspeck	2 EL Olivenöl
2 Knoblauchzehen	1 TL Paprikapulver
3 Lauchstangen	60g geriebener Parmesan
200ml Crème fraiche	Salz und Pfeffer

Zubereitung

1. Den Lauch längs aufschneiden und unter fließendem Wasser eventuelle Reste von Erde zwischen den Blättern herauswaschen. Anschließend in feine Streifen schneiden.

2. In einem weiten Topf das Öl erhitzen und den Lauch darin 5 Minuten lang andünsten. Den Knoblauch dazupressen und mitrösten.

3. Anschließend die Speckwürfel hinzugeben und 3 bis 4 Minuten lang mit dem Lauch zusammen anbraten.

4. Die Mischung mit Paprikapulver, Salz und Pfeffer würzen und mit Hühnerbrühe ablöschen.

5. Die Spaghetti in den Topf legen (falls sie der Länge nach nicht auf den Boden passen, dann durchbrechen). Crème fraiche einrühren und alles bei niedriger Temperatur köcheln lassen, bis die Spaghetti weich werden und eine Sauce entstanden ist.

6. Den Parmesan unterrühren und das Gericht mit frisch gemahlenem Pfeffer abschmecken.

7. Tipp: Auch eine vegetarische Variante des Gerichts ist denkbar, wenn Sie statt Speck eine Zwiebel und eine Knoblauchzehe gemeinsam mit dem Lauch anschwitzen. 200g Räuchertofu liefert nach Geschmack das typische Raucharoma.

Nährwertangaben pro Portion:
824 kcal | 70g Kohlenhydrate | 49g Fett | 26g Protein

Pasta mit Linsen und Hackfleisch

Zubereitungszeit: 20 Minuten - 4 Portionen

Zutaten

350g Penne	2 Knoblauchzehen
250g Hackfleisch	750ml Hühnerbrühe
1 kleine Zwiebel	2 EL Olivenöl
½ Dose braune Linsen (etwa 200g)	2 Zweige frischer Oregano
250g Kirschtomaten	Salz und Pfeffer

Zubereitung

1. Das Öl in einem weiten Topf erhitzen und das Hackfleisch darin scharf anbraten.

2. Die Zwiebel schälen und fein würfeln, den Knoblauch pressen und beides zum Hackfleisch geben und mitdünsten.

3. Linsen, Tomaten, Hühnerbrühe, und Oregano mit in den Topf geben. Mit Salz und Pfeffer würzen.

4. Die Pasta einrühren und etwa 10 bis 12 Minuten köcheln lassen, bis sie al dente ist.

5. Das Gericht zum Servieren mit etwas gehackter Minze garnieren.

Nährwertangaben pro Portion:
617 kcal | 72g Kohlenhydrate | 22g Fett | 31g Protein

Penne mit Feigen und Parmaschinken

Zubereitungszeit: 20 Minuten - 3 Portionen

Zutaten

250g Vollkornpenne	2 EL Olivenöl
200g Mozzarella	700ml Geflügelbrühe
150g frische Feigen	3 EL Balsamicoessig
100g Parmaschinken	1 EL Honig
75g Rucola	Zitronensaft, Salz und Pfeffer
1 Zwiebel	

Zubereitung

1. Die Zwiebel schälen und in Ringe schneiden.

2. Das Öl in einem weiten Topf erhitzen und die Zwiebel darin goldgelb dünsten.

3. Die gebratenen Zwiebeln mit Balsamicoessig und Honig glasieren und wenige Minute lang weiterdünsten lassen.

4. Mit Geflügelbrühe ablöschen und die Flüssigkeit aufkochen lassen.

5. Die Pasta hineingeben und unter Rühren etwa 12 bis 14 Minuten köcheln lassen, bis sie die perfekte Konsistenz erreicht hat und die Flüssigkeit vollständig aufgenommen wurde.

6. Mozzarella, Schinken und Feigen in mundgerechte Stücke schneiden und unter die warme Pasta mischen.

7. Den gewaschenen Rucola ebenfalls unterheben und alles mit Zitronensaft, Salz, Pfeffer und eventuell etwas nativem Olivenöl abschmecken.

Nährwertangaben pro Portion:
742 kcal | 76g Kohlenhydrate | 37g Fett | 38g Protein

Thai-Pasta mit Hackfleisch

Zubereitungszeit: ca. 20 Minuten - 4 Portionen

Zutaten

2 EL Erdnussöl	1 rote und 1 grüne Paprika
400g Makkaroni	2 EL Tomatenmark
400g Schweinehackfleisch oder gemischtes Hack	750ml Hühnerbrühe
	6 EL Sojasauce
1 rote Zwiebel	1 Limette
2 Knoblauchzehen	4 EL gehackte Erdnüsse
30g frische Ingwerwurzel	Frischer Koriander
3 Frühlingszwiebeln	
1 rote und 1 grüne Chilischote	

Zubereitung

1. Die Zwiebel und den Knoblauch schälen und fein würfeln. Die Chilischoten entkernen und in dünne Streifen schneiden.

2. Den Ingwer reiben oder fein würfeln. Die Paprikaschoten von Kerngehäuse befreien und in Würfel oder dünne Streifen schneiden.

3. Das Erdnussöl in einem weiten Topf erhitzen und das Fleisch scharf darin anbraten. Wenn es leicht bräunt, Zwiebelwürfel, Knoblauch, Ingwer und Chili mit hinzugeben und einige Minuten lang andünsten.

4. Die Paprika zum Fleisch geben und ebenfalls kurz mitdünsten. Anschließend mit Brühe und Sojasauce ablöschen und die Flüssigkeit aufkochen lassen.

5. Die Pasta in die heiße Brühe legen und unter Rühren etwa 10 Minuten lang köcheln lassen, bis sie die gewünschte Konsistenz erreicht hat.

6. Die Frühlingszwiebeln in feine Ringe schneiden; den Koriander waschen und hacken.

7. Das Gericht abschließend mit Limettensaft und Sojasauce abschmecken und mit Frühlingszwiebeln, Koriander und gehackten Erdnüssen garnieren.

8. Tipp: Für eine cremigere Konsistenz mischen Sie zusätzlich 4 El Erdnussbutter unter das Pastagericht.

Nährwertangaben pro Portion:
686 kcal | 80g Kohlenhydrate | 20g Fett | 44g Protein

Hähnchen-Champignon-Pasta

Zubereitungszeit: ca. 25 Minuten - 4 Portionen

Zutaten

350g Tagliatelle	150g TK-Erbsen
250g Hähnchenbrustfilet	60g geriebener Parmesan
400g braune Champignons	1 Bund glatte Petersilie
1 Zwiebel	Zitronenschale und Saft von
1 Knoblauchzehe	½ Zitrone
500ml Hühnerbrühe	Salz und Pfeffer
250ml Vollmilch oder 200ml Sahne	

Zubereitung

1. Zwiebel und Knoblauch schälen und fein würfeln.

2. Die Champignons putzen und vierteln; das Fleisch waschen, trocken tupfen und in mundgerechte Würfel schneiden.

3. Das Öl in einem weiten Topf erhitzen und die Zwiebel darin glasig dünsten. Anschließend den Knoblauch dazupressen und das Fleisch von allen Seiten kurz anbraten. Dabei mit Salz und Pfeffer würzen.

4. Mit Brühe und Milch ablöschen und die Flüssigkeit aufkochen lassen. Anschließend die Nudeln hineinlegen und bei geringer Hitze etwa 10 bis 12 Minuten simmern lassen, bis sie al dente sind.

5. Fünf Minuten vor Ende der Garzeit die Erbsen untermischen.

6. Mit Salz, Pfeffer, Zitronenschale und Zitronensaft abschmecken und die gehackte Petersilie unterheben.

7. Jede Portion mit geriebenem Parmesan bestreuen.

Nährwertangaben pro Portion:
533 kcal | 70g Kohlenhydrate | 10g Fett | 39g Protein

Pasta mit Merguez

Zubereitungszeit: ca. 25 Minuten - 4 Portionen

Zutaten

- 400g Spiralnudeln oder Penne
- 400g Merguez (spanische Rinderbratwurst)
- 1 Glas geröstete Paprika in Öl
- 1 EL Olivenöl
- 1 Zwiebel
- 1 Knoblauchzehe
- 500ml Hühnerbrühe
- 250ml Vollmilch oder 200ml Sahne
- 200g junger Spinat
- Zitronenschale und Saft von ½ Zitrone
- Salz und Pfeffer

Zubereitung

1. Zwiebel und Knoblauch schälen und fein würfeln.

2. Die Würstchen in Scheiben schneiden; die Paprika abtropfen lassen und ebenfalls in Streifen schneiden.

3. Das Öl in einem weiten Topf erhitzen und die Zwiebel darin glasig dünsten. Anschließend den Knoblauch dazupressen und die Wurstscheiben kurz anbraten, bis sie leicht bräunen.

4. Mit Brühe und Milch ablöschen und die Flüssigkeit aufkochen lassen. Anschließend die Nudeln hineinlegen und bei geringer Hitze etwa 10 bis 12 Minuten simmern lassen, bis sie al dente sind.

5. Zwei Minuten vor Ende der Garzeit den Spinat untermischen und zusammenfallen lassen.

6. Mit Salz, Pfeffer, Zitronenschale und Zitronensaft abschmecken.

7. Tipp: Merguez sind würzige Rinderbratwürste; genauso lecker gelingt die Pasta allerdings auch mit Chorizo oder Salsiccia.

8. Statt Spinat lässt sich alternativ Rucola verwenden oder blanchierte zarte Wirsing- oder Grünkohlblätter. Neben Pasta aus Hartweizengrieß munden auch Gnocchi aus Kartoffelteig zur beschriebenen Sauce. Die Gnocchi benötigen allerdings nur eine Kochzeit von 3 bis 4 Minuten, wenn sie frisch sind.

Nährwertangaben pro Portion:
693 kcal | 77g Kohlenhydrate | 32g Fett | 25g Protein

Mangohähnchen-Currypasta

Zubereitungszeit: ca. 25 Minuten - 4 Portionen

Zutaten

350g Tagliatelle	2 EL Rosinen
250g Hähnchenbrustfilet	2 EL Apfelessig
200g frische Mango	2 EL Currypaste („Korma")
1 rote Zwiebel	oder
1 Knoblauchzehe	1 TL geriebener Ingwer
1 EL Kokosöl	½ TL Chiliflocken
500ml Hühnerbrühe	1 TL Currypulver
250ml Vollmilch oder 200ml Sahne oder 200ml Kokosmilch	½ TL Zimt
	Meersalz und Pfeffer

Zubereitung

1. Zwiebel und Knoblauch schälen und fein würfeln.

2. Das Fleisch waschen, trocken tupfen und in mundgerechte Würfel schneiden.

3. Das Öl in einem weiten Topf erhitzen und die Zwiebel darin glasig dünsten. Anschließend den Knoblauch dazupressen und das Fleisch von allen Seiten kurz anbraten. Dabei mit Currypaste oder den einzelnen Gewürzen sowie mit Salz und Pfeffer würzen

4. Mit Brühe und Milch ablöschen, die Rosinen und die Mango hinzufügen und die Flüssigkeit aufkochen lassen. Anschließend die Nudeln hineinlegen und bei geringer Hitze etwa 10 bis 12 Minuten simmern lassen, bis sie al dente sind.

Nährwertangaben pro Portion:
430 kcal | 72g Kohlenhydrate | 5g Fett | 24g Protein

Sesam-Steak-Nudeln

Zubereitungszeit: ca. 25 Minuten - 4 Portionen

Zutaten

400g Mie-Nudeln
250g Rumpsteak
400g Brokkoli
3 EL Erdnussöl
2 TL geröstetes Sesamöl
2 rote Zwiebeln
1 Knoblauchzehe
1 Chilischote

20g Ingwer
6 EL Teriyakisauce
700ml Hühnerbrühe
100ml Wasser
Limettensaft
4 EL geröstete Sesamsaat
Salz und Pfeffer

Zubereitung

1. Zwiebel und Knoblauch schälen und fein würfeln. Ingwer schälen und reiben; die Chilischote entkernen und fein zerkleinern.

2. Das Fleisch in Streifen schneiden und den Brokkoli nach dem Waschen in Röschen teilen.

3. Das Öl in einem weiten Topf oder einer tiefen Pfanne erhitzen und das Fleisch darin von allen Seiten scharf anbraten. Anschließend Zwiebeln, Knoblauch, Chili und Ingwer hinzufügen und kurz mitrösten.

4. Den Brokkoli zum Fleisch geben und alles mit Brühe ablöschen.

5. Die Flüssigkeit aufkochen lassen und den Brokkoli darin 5 Minuten lang bissfest garen.

6. Anschließend die Mie-Nudeln mit in den Topf legen und 2 bis 3 Minuten lang unter Rühren weich werden lassen.

7. Das Gericht mit geröstetem Sesamöl aromatisieren und mit Limettensaft, Teriyakisauce, Salz und Pfeffer abschmecken.

8. Jede Portion mit gerösteter Sesamsaat als Garnitur bestreuen.

Nährwertangaben pro Portion:
764 kcal | 83g Kohlenhydrate | 34g Fett | 34g Protein

PASTA MIT FLEISCH

Orangen-Radicchio-Penne

Zubereitungszeit: ca. 25 Minuten - 4 Portionen

Zutaten

400g Penne	4 EL Olivenöl
75g Räucherspeck	2 Schalotten
8 Zweige frischer Thymian	1 Knoblauchzehen
1 Bio-Orange	1 Kopf Radicchio
500ml Geflügelbrühe	80g gehackte Walnüsse
200ml Orangensaft	Salz und Pfeffer
100ml Wasser	

Zubereitung

1. Schalotten und Knoblauch schälen und fein würfeln.

2. Die Orange heiß abwaschen und die Schale abreiben. Anschließend die Frucht schälen und die Filets auslösen.

3. Den Speck in Stücke schneiden und den Radicchio vierteln und jedes Viertel in grobe Streifen zerteilen.

4. Das Öl in einem weiten Topf erhitzen und den Speck darin knusprig braten. Knoblauch, Schalottenwürfel und die Thymianblättchen hinzufügen und alles einige Minuten lang mitdünsten.

5. Mit Orangensaft, Wasser und Brühe ablöschen und die Flüssigkeit aufkochen lassen. Anschließend die Nudeln hineingeben und unter Rühren 10 bis 12 Minuten lang simmern lassen, bis sie al dente sind.

6. Kurz vor dem Servieren die Orangenfilets, den Radicchio und die Walnüsse unterheben und das Gericht mit Salz, Pfeffer und Orangenschale abschmecken.

7. Jede Portion mit etwas Parmesan garnieren, den Sie grob vom Stück hobeln.

8. Tipp: Statt Walnüssen eignen sich auch geröstete Pinienkerne gut für das Gericht; außerdem können Sie es nach Belieben mit Kapern und schwarzen Oliven ergänzen.

Nährwertangaben pro Portion:
777 kcal | 80g Kohlenhydrate | 41g Fett | 23g Protein

Pasta mit Birnen, Bohnen und Speck

Zubereitungszeit: ca. 25 Minuten - 4 Portionen

Zutaten

350g Tagliatelle	2 EL Olivenöl
100g Räucherspeck	1 Zwiebel
2 kleine Birnen	1 Bund Bohnenkraut
400g grüne Bohnen	Salz und Pfeffer
500ml Gemüsebrühe	

Zubereitung

1. Zwiebel schälen und fein würfeln.

2. Den Speck in Stücke schneiden, die Birnen waschen, vierteln, das Kerngehäuse entfernen und das Fruchtfleisch grob zerkleinern.

3. Das Öl in einem weiten Topf erhitzen und den Speck darin braten, bis er leicht bräunt. Anschließend die Zwiebel hinzufügen und glasig dünsten.

4. Mit Wasser und Brühe ablöschen und Birnen und Bohnen hinzugeben.

5. Die Flüssigkeit aufkochen lassen und die Nudeln in den Topf legen. Anschließend 10 bis 12 Minuten lang simmern lassen, bis sie die perfekte Konsistenz angenommen haben.

6. Das Bohnenkraut waschen und hacken. Kurz vor dem Servieren unter die Nudeln heben.

7. Mit Salz und Pfeffer würzen und sofort servieren.

Nährwertangaben pro Portion:
569 kcal | 74g Kohlenhydrate | 23g Fett | 15g Protein

Gulasch-Spaghetti

Zubereitungszeit: ca. 25 Minuten - 4 Portionen

Zutaten

350g Spaghetti	1 Dose Tomaten (400ml)
400g Rindfleisch zum Kurzbraten	1 EL Tomatenmark
1 Chilischote	600ml Rinderbrühe
1 rote Paprikaschote	150ml Rotwein
1 grüne Paprikaschote	1 EL Paprikapulver
1 Zwiebel	1 Lorbeerblatt
1 Knoblauchzehe	1 Zweig Thymian
	Salz und Pfeffer

Zubereitung

1. Zwiebel und Knoblauch schälen und in dünne Scheiben schneiden.

2. Die Paprika von den Kernen und den weißen Innenlamellen befreien und in mundgerechte Stücke zerteilen. Die Chilischote entkernen und in dünne Streifen schneiden.

3. Das Fleisch würfeln und im erhitzten Öl scharf von allen Seiten anbraten. Zwiebeln, Knoblauch, Chili, Thymian und Lorbeerblatt hinzugeben und alles wenige Minuten lang mitdünsten.

4. Mit Paprikapulver bestäuben, die Paprikastücke hinzufügen und mit Rotwein und Brühe ablöschen.

5. Die Spaghetti der Länge nach in den Topf legen oder gegebenenfalls in der Mitte durchbrechen. Etwa 10 bis 12 Minuten lang unter Rühren köcheln lassen, bis die Nudeln eine perfekte Konsistenz erreicht haben.

6. Tipp: Das Gericht lässt sich auch mit Rindergulasch aus der Unterschale zubereiten – in diesem Fall braucht es allerdings eine Garzeit von anderthalb Stunden auf niedriger Temperatur, bis das faserreiche Fleisch schön mürbe ist. Geben Sie die Nudeln in diesem Fall erst hinzu, wenn das Fleisch weich ist und gießen Sie eventuell weitere Flüssigkeit nach, falls nicht genug zum Garen der Pasta übrig geblieben ist.

Nährwertangaben pro Portion:
621 kcal | 72g Kohlenhydrate | 15g Fett | 48g Protein

Hot-Dog-Pasta

Zubereitungszeit: ca. 25 Minuten - 4 Portionen

Zutaten

- 400g Pasta, z.B. kurze Makkaroni
- 4 Wiener oder Bockwürstchen
- 1 Gemüsezwiebel
- 2 EL Rapsöl
- 200g Dänische Gurken aus dem Glas
- 1 EL scharfer Senf
- 1 EL süßer Senf
- 600ml Gemüsebrühe
- 200ml Sahne
- Röstzwiebeln
- Salz und Pfeffer

Zubereitung

1. Zwiebel und Knoblauch schälen und fein würfeln.

2. Würstchen in Scheiben schneiden.

3. Das Öl in einem weiten Topf oder einer tiefen Pfanne erhitzen und Knoblauch und Zwiebeln darin andünsten.

4. Die Würstchen hinzugeben und kurz mitbraten. Anschließend mit Sahne und Brühe ablöschen, Senf einführen und die Nudeln in die Flüssigkeit geben.

5. Etwa 10 Minuten lang köcheln lassen, bis die Nudeln die perfekte Konsistenz erreicht haben.

6. Kurz vorm Servieren die Gurkenscheiben unterrühren und mit Salz und Pfeffer abschmecken.

7. Die einzelnen Portionen mit Röstzwiebeln garnieren.

8. Tipp: Wenn Sie das Gericht stilecht an das entsprechende Fastfood anlehnen möchten, reichen Sie Ketchup dazu und eventuell geriebenen Cheddar.

Nährwertangaben pro Portion:
727 kcal | 79g Kohlenhydrate | 36g Fett | 20g Protein

PASTA MIT FLEISCH

Spaghetti nach Art „Bolognese"

Zubereitungszeit: 30 Minuten - 6 Portionen

Zutaten

500g Hackfleisch (gemischt oder reines Rinderhack)	2 Dosen fein gehackte Tomaten a 425 ml
3 Zwiebeln	50g frischer Oregano
2 Knoblauchzehen	50ml trockener Rotwein
100g Knollensellerie	600g Spaghetti
2 Möhren	24 Blätter Basilikum
4 EL Olivenöl	Pfeffer, Salz und Zucker
3 EL Tomatenmark	450ml Gemüsebrühe

Zubereitung

1. Möhren, Knoblauch, Sellerie und Zwiebeln nach dem Schälen in feine Würfel schneiden.

2. Oregano-Blätter von den Stilen zupfen, waschen und sehr fein hacken.

3. Das Olivenöl in einen ausreichend großen Topf oder kleinen Bräter geben und erhitzen.

4. Nun das Hackfleisch kurz scharf anbraten und Zwiebeln, Sellerie, Knoblauch und Möhren hinzufügen. Alles zusammen noch einmal kurz braten.

5. Den Hackfleisch-Gemüsemix mit Pfeffer, Salz und dem kleingehackten Oregano würzen.

6. Das Tomatenmark mit dem Gemüse-Fleisch-Mix gut durchrühren und kurz anschwitzen (tomatisieren).

7. Mit dem Rotwein ablöschen und den leichten Bodensatz im Topf auf diesem Weg ablösen. Alles gut rühren und eine halbe Minute schwitzen lassen.

8. Die Gemüsebrühe und die gehackten Tomaten in den Topf geben und alles zusammen kurz aufkochen lassen.

9. Die Nudeln sorgfältig unterrühren und alles 7-11 Minuten zugedeckt köcheln lassen.

10. 6 Basilikumblätter fein hacken, den Rest nur abzupfen und zur Seite legen.

11. Pasta in eine große Schüssel füllen und das gehackte Basilikum darüberstreuen. Auf den Tellern mit jeweils 3 Basilikumblättern anrichten.

Nährwertangaben pro Portion:
669 kcal | 80g Kohlenhydrate | 25g Fett | 31g Protein

Paella-Spaghetti

ZZubereitungszeit: 30 Minuten - 4 Portionen

Zutaten

200g Kirschtomaten	200g Hähnchenbrust
150g Erbsen	Safran
250g Paprika	1 TL Paprikapulver
1 rote Zwiebel	500g Spaghetti
1 Knoblauchzehe	Olivenöl
200g Chorizo	Salz, Pfeffer

Zubereitung

1. Chorizo in Scheiben und Hähnchenbrust in mundgerechte Würfel schneiden.

2. Knoblauch und Zwiebeln schälen und in feine Scheiben schneiden beziehungsweise würfeln.

3. Erhitzen Sie Olivenöl in einem weiten Bräter und rösten Sie Knoblauch, Zwiebeln, Paprikapulver und Hähnchenfleisch kurz darin an.

4. Geben Sie das Gemüse, den Safran und die Nudeln mit in den Topf und bedecken Sie alles knapp mit Wasser.

5. Lassen Sie das Gericht etwa 10 bis 15 Minuten köcheln, bis das Wasser fast vollständig aufgenommen wurde und die Nudeln weich sind,

6. Tipp: Für das echte Paella-Aroma können Sie kurz vor Garzeitende noch einige frische Garnelen in der Pasta garziehen lassen.

7. Falls Sie Spaghetti als One-Pot-Pasta zubereiten wollen, eignet sich ein großer Bräter besonders gut dafür. In ihm können die Nudeln auf dem Boden liegen und einfach mit Wasser bedeckt werden.

Nährwertangaben pro Portion:
762 kcal | 96g Kohlenhydrate | 22g Fett | 40g Protein

KLASSIKER

Tagliatelle nach Art „Coq au vin"

Zubereitungszeit: 30 Minuten - 4 bis 6 Portionen

Zutaten

600g Hähnchenbrust	200g durchwachsener Speck
500g Tagliatelle	2 Knoblauchzehen
300g Champignons (braune)	2 Zwiebeln
750ml fruchtiger Rotwein	2 EL Olivenöl
750ml Geflügelfonds	Pfeffer und Salz
2 Karotten	1 Prise Zucker
100g. Knollensellerie	2 Lorbeerblätter
300g Perlzwiebeln	
10g. Thymianzweige	

Zubereitung

1. Karotten, Sellerie, die beiden Zwiebeln, Knoblauch und Speck fein würfeln. Die Hähnchenbrust in mundgerechte Stücke und die Champignons in feine Scheiben schneiden. Die Perlzwiebeln werden nur geschält und halbiert.

2. Das Olivenöl in einem großen Topf erhitzen und zunächst die gewürfelten Zwiebeln und Knoblauch 2-3 Minuten fein andünsten. Mit einer Prise Zucker leicht karamellisieren und die Lorbeerblätter hineingeben.

3. Karotten und Sellerie zugeben und durchrühren.

4. Nun den Speck und die Hähnchenbrust hinzufügen und alles noch einmal 1-2 Minuten anbraten.

5. Alle bis auf zwei Thymianzweige zupfen und die kleinen Blätter hineingeben.

6. Die Champignons hinzufügen und eine halbe Minute anbraten. Bevor sie ihre komplette Flüssigkeit abgeben, die Zutaten mit ca. 500 ml Rotwein ablöschen.

7. Nun mit dem Geflügelfonds aufgießen und die Tagliatelle mit in die Soße geben. Alles zusammen 7-10 Minuten köcheln lassen. Hin- und wieder umrühren und nach und nach den restlichen Wein aufgießen, wenn zu viel Flüssigkeit von den Nudeln aufgesogen wurde.

8. Zum Schluss die Pasta mit einigen Thymianblättern bestreuen und servieren.

Nährwertangaben pro Portion:
675 kcal | 67g Kohlenhydrate | 29g Fett | 37g Protein

Tortellini alla panna

Zubereitungszeit: 30 Minuten - 4 Portionen

Zutaten

250g Kochschinken	200ml Fleischbrühe
15g Butter	60g Parmesan (frisch gerieben)
3 Eigelb	Muskat, Salz und Pfeffer
600g Tortellini	
800ml Sahne	

Zubereitung

1. Den Kochschinken in kleine Würfel schneiden.

2. Butter in einer hohen Pfanne oder einem Schmortopf schmelzen und den Schinken darin leicht anbräunen.

3. Den Schinken mit 600 ml Sahne und der Brühe ablöschen.

4. Die Tortellini in die Soße geben und 6-10 Minuten köcheln lassen

5. Nun die restliche Sahne und sofort die 3 Eigelb hinzufügen und alles gut durchrühren.

6. Mit Pfeffer, Salz und Muskat abschmecken und den Topf oder die Pfanne vom Herd nehmen.

7. Zu guter Letzt den Parmesankäse über die Pasta streuen und gut durchrühren.

Nährwertangaben pro Portion:
936 kcal | 76g Kohlenhydrate | 55g Fett | 32g Protein

Pasta alla Puttanesca

Zubereitungszeit: 20 Minuten - 4 Portionen

Zutaten

500g Bavette	800ml Wasser
500g Tomaten (ersatzweise 1 Dose gehackte Tomaten)	200ml Rotwein
	10 Sardellenfilets
2 EL Olivenöl	4 EL Kapern
1 kleine Zwiebel	200g schwarze Oliven, entsteint
2 Knoblauchzehen	
1 Chilischote	frischer Basilikum
2 EL Tomatenmark	Salz und Pfeffer
1 EL Honig	geriebener Parmesan

Zubereitung

1. Zwiebel und Knoblauch schälen und fein würfeln. Die Chilischote entkernen und in feine Streifen schneiden.

2. Die Tomaten achteln und die Sardellenfilets in kleine Stücke hacken.

3. Das Olivenöl in einem Topf erhitzen, in dem die Nudeln auf dem Boden liegen können.

4. Knoblauch, Zwiebeln und Chili im Fett andünsten und nach wenigen Minuten das Tomatenmark und die Sardellen hinzufügen und kurz mitrösten.

5. Mit Wein ablöschen, kurz einreduzieren lassen und mit Wasser aufgießen. Die Flüssigkeit zum Kochen bringen und die Tomaten, Kapern, Oliven, den Honig und die Pasta hineingeben.

6. Das Gericht unter Rühren etwa 10 bis 12 Minuten köcheln lassen, bis die Pasta die perfekte Konsistenz erreicht hat.

7. Vor dem Servieren mit Salz, Pfeffer und Zitronensaft abschmecken sowie gehacktes Basilikum und nach Belieben auch geriebenen Parmesan untermischen.

8. Tipp: Wer die Sardellen weglässt, kocht ein schmackhaftes veganes Gericht.

Nährwertangaben pro Portion:
709 kcal | 99g Kohlenhydrate | 26g Fett | 19g Protein

Pasta mit Fenchel und Räucherlachs

Zubereitungszeit: ca. 20 Minuten - 4 Portionen

Zutaten

500g Linguine	2 cl Pernod
500g Fenchel	400g Räucherlachs
2 EL Olivenöl	Schale einer halben Zitrone
450ml Geflügelfond	Zitronensaft
200ml Sahne	Salz und frisch gemahlener Pfeffer
150ml Weißwein	
1 Zwiebel	
1 Knoblauchzehe	

Zubereitung

1. Die Zwiebel und den Knoblauch schälen und fein würfeln.

2. Den Fenchel waschen und putzen; anschließend vierteln und in hauchdünne Scheiben schneiden. Das Fenchelgrün hacken und für später beiseite stellen.

3. Das Olivenöl in einem weiten Topf erhitzen und darin Zwiebel und Knoblauch andünsten. Nach wenigen Minuten die Fenchelstreifen hinzufügen und mitbraten, bis sie beginnen, weich zu werden.

4. Mit Weißwein, Pernod, Sahne und Geflügelfond ablöschen und die Flüssigkeit aufkochen lassen.

5. Die Nudeln hineingeben und etwa 10 Minuten lang unter Rühren köcheln lassen, bis sie eine fast perfekte Konsistenz erreicht haben.

6. Den in Streifen geschnittenen Räucherlachs und das Fenchelgrün unterheben und das Gericht mit Zitronenschale, Zitronensaft, Salz und Pfeffer abschmecken.

7. Tipp: Wer es noch ein wenig reichhaltiger mag, kann zusätzlich zum Lachs noch 150g Gorgonzola unter die Pasta mischen.

Nährwertangaben pro Portion:
835 kcal | 98g Kohlenhydrate | 33g Fett | 32g Protein

KLASSIKER

Spaghetti Stroganoff

Zubereitungszeit: ca. 20 Minuten - 4 Portionen

Zutaten

350g Spaghetti	1 Zwiebel
400g Champignons	1 Knoblauchzehe
500g Rindfleisch zum Kurzbraten	3 EL Dijonsenf
	2 EL Rapsöl
800ml Rinderbrühe	3 EL Mehl
200g Crème fraiche	Salz, Pfeffer, Paprikapulver
100ml Weißwein	

Zubereitung

1. Das Rindfleisch in etwa 2 mal 2 Zentimeter starke Würfel schneiden und mit Mehl, Paprikapulver, Salz und Pfeffer bestäuben.

2. Die Champignons putzen und in dünne Scheiben schneiden. Zwiebel und Knoblauch schälen und würfeln bzw. durchpressen.

3. Das Öl in einem weiten Topf erhitzen und das Fleisch darin scharf von allen Seiten anbraten.

4. Die Würfel einige Minuten lang bräunen lassen und anschließend Zwiebelwürfel, Knoblauch und Champignonscheiben hinzufügen und ebenfalls ein paar Minuten lang mit dem Fleisch andünsten.

5. Alles noch einmal mit Salz, Pfeffer und Paprikapulver würzen, bevor mit Wein abgelöscht wird.

6. Den Wein kurz einreduzieren lassen und anschließend die Brühe aufgießen und den Senf einrühren. Die Flüssigkeit aufkochen lassen und die Pasta hineingeben.

7. Das Gericht 10 bis 12 Minuten unter Rühren köcheln lassen, bis die Pasta die servierfertige Konsistenz erlangt hat. Dann die Crème fraiche unterrühren und das Gericht mit gehackter Petersilie verfeinern.

Nährwertangaben pro Portion:
876 kcal | 80g Kohlenhydrate | 38g Fett | 50g Protein

Pasta Bouillabaisse

Zubereitungszeit: ca. 25 Minuten - 4 Portionen

Zutaten

350g Tagliatelle	2 Zwiebeln
250g Schellfischfilet oder Red Snapper	2 Fleischtomaten
	2 EL Tomatenmark
200g Garnelen	700ml Fischfond
200g Miesmuscheln	400ml Weißwein
eventuell 100g Jakobsmuscheln	1 Lorbeerblatt
	Safranfäden
4 EL Olivenöl	frisches Basilikum
3 Knoblauchzehen	Salz und Pfeffer

Zubereitung

1. Zwiebel und Knoblauch schälen und fein würfeln.

2. Die Tomaten vierteln, vom Kerngehäuse befreien und das Fruchtfleisch würfeln.

3. Das Öl in einem weiten Topf erhitzen und die Zwiebel darin glasig dünsten. Anschließend den Knoblauch dazupressen sowie Lorbeerblatt, Tomatenmark und Tomatenwürfel hineingeben.

4. Mit Weißwein und Brühe ablöschen, den Safran hinzufügen und die Flüssigkeit aufkochen lassen. Anschließend die Nudeln hineinlegen und bei geringer Hitze etwa 10 bis 12 Minuten simmern lassen, bis sie al dente sind.

5. Während die Nudeln kochen, die Muscheln entbarten, den Darm der Garnelen entfernen und den Fisch in mundgerechte Stücke teilen.

6. Die Meeresfrüchte werden 7 bis 5 Minuten vor Ende der Garzeit der Nudeln zum Garziehen mit in den Topf gegeben.

7. Abschließend gehacktes Basilikum unterheben und alles mit Salz und Pfeffer abschmecken.

8. Tipp: Safran gibt sein Aroma und seine Farbe besser ab, wenn Sie die Fäden mit etwas Zucker im Mörser zerstoßen und ihn anschließend mit heißem Wasser auflösen, bevor das Gewürz zum Gericht gegeben wird.

Nährwertangaben pro Portion:
647 kcal | 72g Kohlenhydrate | 17g Fett | 38g Protein

KLASSIKER

Spaghetti Carbonara

Zubereitungszeit: 30 Minuten - 4 bis 6 Portionen

Zutaten

500g Spaghetti	2 Eigelb
250g Speck (Pancetta oder herkömmlicher durchwachsener Speck)	200g geriebener Parmesan
	1 EL Olivenöl
	1 Bund frische italienische Kräuter (Oregano, Basilikum)
1 kleiner Schluck (10-15 ml) trockener Weißwein	Salz und Pfeffer
1 Zwiebel	800ml Wasser
1 Knoblauchzehe	250ml Sahne

Zubereitung

1. Zwiebeln und Knoblauch fein würfeln und mit dem Olivenöl in einem Schmortopf 3-4 Minuten andünsten.

2. In der Zwischenzeit den Speck würfeln, in den Topf geben und für weitere 3-4 Minuten anbraten.

3. Zunächst mit dem Weißwein ablöschen. Anschließend das Wasser in den Topf füllen.

4. Wenn die Flüssigkeit kocht, die Nudeln hinzufügen und kräftig rühren, bis diese komplett von der Flüssigkeit bedeckt sind. Das Ganze mit Deckel 8 Minuten kochen lassen.

5. Zwischenzeitlich die Eier trennen, die Kräuter hacken und diese mit dem Eigelb verrühren. Den geriebenen Parmesan hinzufügen und alles zu einer homogenen Masse vermengen.

6. Nach 8 Minuten Kochdauer die Sahne in den Topf geben und nochmals 1-2 Minuten köcheln lassen. Wenn die Soße noch etwas flüssig ist, stellt dies kein Problem dar.

7. Die Nudeln mit der Soße in eine Schüssel füllen und die Parmesan-Kräuter-Ei-Mischung unterheben, bis alles eine sämige Konsistenz hat.

Nährwertangaben pro Portion:
826 kcal | 62g Kohlenhydrate | 52g Fett | 27g Protein

Haftungsausschluss

Dieses Buch enthält Rezeptvorschläge und Ideen der Autorin und verfolgt die Intention, kochinteressierten Lesern hilfreiche Informationen und Inspirationen zu vermitteln. Die enthaltenen Vorschläge passen möglicherweise nicht zu jedem Leser, und wir geben keine Garantie dafür, dass sie auch wirklich bei jedem funktionieren. Die Benutzung dieses Buchs und die Umsetzung der darin enthaltenen Rezepte erfolgt ausdrücklich auf eigenes Risiko. Haftungsansprüche gegen die Autorin für Schäden materieller oder ideeller Art, die durch die Nutzung oder Nichtnutzung der Informationen bzw. durch die Nutzung fehlerhafter und/oder unvollständiger Informationen verursacht wurden, sind ausdrücklich ausgeschlossen. Das vorliegende Buch gewährt keine Garantie oder Gewähr für Aktualität, Vollständigkeit, Korrektheit, und Qualität der bereitgestellten Informationen. Druckfehler und Fehlinformationen können wir nicht vollständig ausschließen.

Impressum

Bianca Moreno wird vertreten durch:

David Stange

Rheinstr. 71

28199 Bremen

Covergestaltung und -konzept: Topfkunst

Coberbild: Anna Shepulova | istock

Bild „Inhalt, Klassiker": istetania | Adobe Stock

Bild „Einleitung": Anna Shepulova | istock

Bild „vegetarische Pasta": Darya Yakovleva | pixabay.com

Bild „Fisch und Meeresfrüchte": Anna_Shepulova | iStock

Bild „Pasta mit Fleisch": artcomedy | Adobe Stock

Jahr der Veröffentlichung: 2018

Verantwortlich für den Druck: Amazon Distribution GmbH, Leipzig

Printed in Great Britain
by Amazon